beck^Ische **reihe**

b^{sr}

Die Kirchen in Deutschland erleben eine beispiellose Austrittswelle. Was läuft schief? Nur auf die Missbrauchsskandale zu verweisen greift zu kurz. Die Gründe liegen tiefer. Friedrich Wilhelm Graf analysiert in diesem Buch sieben Kardinal-Untugenden der Kirchen: die verquaste Sprache der Theologen, den selbstgerechten Moralismus der Funktionäre, die Bildungsferne der Gottesdienste, die Demokratievergessenheit politischer Interventionen, die weltfremde Selbstherrlichkeit der Würdenträger, den Abschied von einem pluralistischen Christentum sowie den Sozialpaternalismus kirchlicher Sozialmanager. Diese Analyse der kirchlichen Missstände ist längst überfällig. Sie will wachrütteln, damit die Kirchen ihrer gesellschaftlichen Aufgabe in Zukunft besser gerecht werden.

Friedrich Wilhelm Graf, geb. 1948, ist Professor für Systematische Theologie und Ethik an der Universität München und nimmt daneben zahlreiche weitere Aufgaben wahr, u.a. als Ordentliches Mitglied der Bayerischen Akademie der Wissenschaften. Als erster Theologe wurde er 1999 mit dem Leibniz-Preis der DFG ausgezeichnet. Seine kirchenkritischen Einsprüche in großen Zeitungen haben ein lebhaftes Echo gefunden.

Friedrich Wilhelm Graf

Kirchendämmerung

Wie die Kirchen unser
Vertrauen verspielen

Verlag C. H. Beck

Originalausgabe

© Verlag C.H.Beck oHG, München 2011
Umschlagabbildung: Kreuz im Gebirge, © JoLin/fotolia
Umschlagentwurf: malsyteufel, Willich
Satz, Druck u. Bindung: Druckerei C.H.Beck, Nördlingen
ISBN 978 3 406 61379 1
Printed in Germany

www.beck.de

Inhalt

Die sieben Untugenden
der Kirchen heute

Zum Weihnachtsfest 1965 schenkten meine Eltern mir Ralf Dahrendorfs *Gesellschaft und Demokratie in Deutschland*. Begeistert las ich erstmals ein soziologisches Buch. Allerdings war ich bald überrascht: In den klugen Analysen des langen deutschen Wegs in die Moderne kamen so wichtige gesellschaftliche Akteure wie die beiden großen Volkskirchen nur am Rande vor. Zwar rechnete Dahrendorf die «Herren der Kirche» den Mächtigen im Lande zu, und in den zumeist aus der Unterschicht rekrutierten katholischen Bischöfen sah er eine «höchst exzentrische deutsche Elite». Auch deutete er den Abbau der Sozialkontrolle der Kirchen «über das außerreligiöse Verhalten ihrer Mitglieder» an. Doch ansonsten fiel dem brillanten Analytiker der deutschen Verhältnisse zu den Kirchen nicht viel ein.

Damit kann Dahrendorf als repräsentativ für die deutschen Sozialwissenschaften gelten. Für jene Disziplinen also, mit deren Hilfe sich moderne Gesellschaften selbst zu beobachten versuchen. Doch im Fall der Kirchen wurde der methodisch kontrollierte Blick von außen weithin unterlassen. An die kurze Blüte der Kirchensoziologie im Westdeutschland der fünfziger bis siebziger Jahre – genannt seien für den Katholizismus nur Franz-Xaver Kaufmann und für den Protestantismus Trutz Rendtorff und Karl-Wilhelm Dahm – haben in den letzten dreißig Jahren bloß einige wenige soziologisch arbeitende Theologen wie Karl Gabriel, Michael N. Ebertz, Karl-Fritz Daiber und Detlef Pollack produktiv erinnern können. Die deutschsprachige akademische Soziologie selbst zeigt an Kirchensoziologie keinerlei Interesse, so dass sie Macht und mentale Prägekraft der Kirchen notorisch unterschätzt.

Auch im medialen Diskurs lässt sich viel Kirchenignoranz beobachten. So wissen die Deutschen über ihre Kirchen nur wenig. Desto überraschter waren sie im Frühjahr 2010 über die skandalösen Zustände in vielen kirchlichen, keineswegs nur katholischen Schulen, Internaten und Ordensgemeinschaften. Offenkundig geht es in den Kirchen nicht anders zu als in sonstigen zivilgesellschaftlichen Organisationen des Landes. Doch weshalb sollten die Kirchen besser als der Rest der Gesellschaft sein?

Die Antwort lautet: Beide großen Kirchen treten seit den Anfängen der Bundesrepublik gern mit einem starken moralischen Mandat auf. Sie haben ein «prophetisches Wächteramt» gegenüber Staat und Gesellschaft reklamiert, sich selbst die Rolle eines Hüters der öffentlichen Sozialmoral zugeschrieben und bei allen möglichen Konflikten suggeriert, über hilfreiches Orientierungswissen und konstruktive Problemlösungskompetenz zu verfügen. In politisierender Funktionsökumene haben sich die Kirchen fortwährend ins politische Geschäft «eingemischt», ohne dass ihnen der demokratische Souverän oder die Kirchenmitglieder ein allgemeinpolitisches Mandat erteilt hätten.

Ihre Rhetorik von Werten, sittlichen Prinzipien, göttlichen Geboten und christlichem Menschenbild verstärkt nun gerade jene tiefe Vertrauenskrise, die weithin die Beziehungen zwischen den Kirchen und der Öffentlichkeit überschattet. Nur 17 oder 20 Prozent – je nach Umfrage – der Katholiken halten ihre Kirche noch für eine vertrauenswürdige Institution. Bei den Protestanten sieht es nicht viel anders aus. Hier wie dort wirft man leitenden Kirchenvertretern Heimlichtuerei, Misswirtschaft und Verlogenheit vor. Mitleid haben sie deshalb nicht verdient. Denn die «Kirchenführer» tragen für die Kirchenkrise entscheidend Verantwortung, lassen kaum Bereitschaft zu einer realistischen Sicht der gesellschaftlichen und kirchlichen Verhältnisse erkennen und sind mit wenigen Ausnahmen zu gebotener Selbstkritik außerstande. Bestaunen konnte die deutsche Öffentlichkeit im Jahr 2010 auch einen erschreckenden Mangel an Professionalität im Krisenmanagement des kirchlichen Leitungspersonals.

Gut 60 Prozent der Deutschen gehören den beiden großen christlichen Volkskirchen an, mit deutlichen Unterschieden zwischen

Ost und West. Im deutschen Sozialstaatskorporatismus sind die Kirchen sehr mächtige Organisationen. Schon einige wenige Daten zur «kirchlichen Statistik» lassen erkennen, wie stark Sozialstaat und Gesellschaft von funktionstüchtigen Kirchen abhängen. Die evangelischen Landeskirchen beschäftigten Ende 2007 216 000 Mitarbeiter und Mitarbeiterinnen, darunter gut 22 000 Pfarrerinnen und Pfarrer; der Frauenanteil in der Pfarrerschaft lag 2009 bei 33 Prozent. Die protestantische Diakonie gibt knapp 224 000 Vollzeit- und 212 000 Teilzeitbeschäftigen Arbeit. Die römisch-katholische Kirche beschäftigte 2009 in den 27 deutschen Bistümern 13 158 inkardinierte, den jeweiligen Bistümern angehörende Weltpriester, unter ihnen 105 Bischöfe, 1492 Priester aus anderen, also ausländischen Bistümern, 2209 Ordenspriester sowie 2972 ständige Diakone, 4500 Gemeindeassistenten beziehungsweise Gemeindereferenten (davon sind 3513 Frauen) und 3081 Pastoralassistenten, also ein geistliches Personal von gut 27 200 Hauptamtlichen. Hinzu kommen 3192 Ordenspriester, die nicht in Bistümern, sondern in Ordensinstituten arbeiten. Über sonstige Mitarbeitende wie Sekretärinnen im Pfarrbüro, Kirchenmusiker, Küster oder Mesner liegen keine verlässlichen Angaben vor. Die katholischen sozialen Dienste der Caritas beschäftigten am 31. Dezember 2008 – neuere Zahlen liegen noch nicht vor – knapp 510 000 hauptamtliche Mitarbeiter, davon 215 583 in Vollzeit und 291 894 in Teilzeit. Eigene Beachtung verdient dabei der sehr hohe Frauenanteil: knapp 78 Prozent in der Gesundheitshilfe, fast 91 Prozent in der Kinder- und Jugendhilfe, 89,57 Prozent in der Familienhilfe, gut 88 Prozent in der Altenhilfe. Die Kirchen und ihre Sozialholdings geben also gut 1,3 Millionen Menschen Arbeit und sind damit nach «dem Staat», nach Bund, Ländern und Kommunen, der größte Arbeitgeber im Lande. Bei der Gestaltung des Arbeitsrechts berufen sich die Kirchen sowie Caritas und Diakonie auf die den Kirchen im Grundgesetz garantierte Autonomie. So lehnen sie es beispielsweise ab, auf ihre Krankenhäuser und Altenheime das Betriebsverfassungsgesetz und das Mitbestimmungsgesetz anzuwenden. Bei kirchlichen Einrichtungen Beschäftigte können keine Betriebsräte wählen. Vielmehr wählen sie sogenannte Mitarbeitervertretungen, deren Mitspracherechte gegenüber den Kompetenzen von Betriebsräten deutlich eingeschränkt sind. Die Kirchen begründen ihren «Dritten Weg» im Arbeitsrecht mit der Idee der «Dienstgemeinschaft» aller in der Kirche Arbeitenden, einschließlich der Kirchenleitungen und der Führungskräfte in Caritas und Diakonie, und sprechen deshalb von «Dienstnehmern» und «Dienstgebern», die gemeinsam den Auftrag von Kirche und Diakonie am Nächsten wahrnehmen wollen. Mit Ausnahme nur der evangelisch-lutherischen Kirche Nordelbiens – Hamburg und Schleswig-Holstein – und, mit Einschränkungen, der Evangelischen Kirche Berlin-Brandenburg-schlesische Oberlausitz führen die Kirchen und ihre Sozialholdings deshalb auch keine Tarifverhandlungen mit irgendwelchen Gewerkschaften, obwohl die für den öffentlichen Dienst zuständige Gewerkschaft ver.di in den letzten Jahren verstärkt und mehrfach auch mit rechtswidrigen Instrumenten versucht hat, bei kirchlich Beschäftigten Resonanz zu finden. Zumeist wird das kirchliche Arbeitsrecht in sogenannten Arbeitsrechtlichen Kommissionen (ARK) der Kirchen festgelegt. Nach zweijährigen harten Konflikten in der Arbeitsrechtlichen Kommission des Diakonischen Werkes der EKD – die Dienstnehmer hatten im Juli 2008 die zweite Stufe eines Schlichtungsverfahrens boykottiert, und im Juli 2009 hatten mehrere Landeskirchen, Diakonische Werke und einzelne Einrichtungen ver.di wegen illegaler Streikaufrufe erfolgreich verklagt – hat ein neutraler Schlichter nun die Rechtsauffassung der Dienstgeber, speziell des Diakonischen Werks, bestätigt und damit die kirchliche Selbstbestimmung im Arbeitsrecht gestärkt. Aber man bedarf keiner prophetischen Kompetenz, um die Prognose zu wagen, dass ver.di – eine Gewerkschaft, die wie andere unter deutlichem Mitgliederschwund leidet – die gebotene «Weiterentwicklung des diakonischen Arbeitsrechts» (Markus Rückert) weiterhin zu verhindern versuchen wird. Auch sehen europäische Gerichte die in der deutschen Rechtsprechung bisher vertretene expansive Deutung des kirchlichen Selbstbestimmungsrechts zunehmend kritisch. So sind weitere arbeitsrechtliche Konflikte zu erwarten.

Caritas und Diakonie haben seit den fünfziger Jahren dank hoher sozialstaatlicher Transferleistungen zahlreiche neue gesellschaftsdiakonische Aufgaben übernommen, etwa in der Altenpflege, der Schuldnerberatung oder der Integration von Menschen mit hohem Assistenzbedarf. Sie haben als sogenannte «Non-Profit-Unternehmen» bei gutem strategischen Management in den letzten Jahren viel Geld verdient, das sie dringend für die Investition in neue Angebote, den Erhalt und die Modernisierung der Bausubstanz sowie für Rücklagen benötigen. Mit großer Mehrheit wollen die Deutschen dies so. Caritas und Diakonie genießen in der Bevölkerung ein deutlich höheres Ansehen als die «Amtskirchen». Verstärkt werden Angebote der Kirchen und ihrer Sozialholdings im Bildungsbereich nachgefragt. Kirchliche Schulen boomen, auch wegen der Verwahrlosung vieler staatlicher Schulen. Und angesichts des schnellen demographischen Wandels sowie der kontinuierlich steigenden Lebenserwartung werden in Zukunft vermehrt Assistenzdienstleistungen für ältere Menschen angeboten werden müssen.

Blickt man auf Beschäftigtenzahlen und ökonomische Ressourcen, so haben beide Kirchen seit Gründung der Bundesrepublik aggressiv und mit hohem Tempo expandiert, trotz schrumpfender Mitgliederbasis. Der leider sehr früh verstorbene Münsteraner Kirchenhistoriker Wolf-Dieter Hauschild hat 2006 die Zeit seit 1961 als die «dagobertinische Phase» der westdeutschen protestantischen Kirchengeschichte bezeichnet: «Jetzt schwamm die evangelische Kirche im Geld wie nie zuvor dank der explodierenden Kirchensteuereinnahmen», eine Folge von Wirtschaftswachstum und permanenter Wohlfahrtssteigerung weiter Gruppen der westdeutschen Bevölkerung. Der junge Darmstädter Historiker Stefan Schmunk hat in einer faszinierenden Dissertation über die ökonomischen Grundlagen der Evangelischen Kirche in Hessen-Nassau im Einzelnen zeigen können, wie stark diese Kirche seit Ende der fünfziger Jahre am ökonomischen Boom partizipierte. Zwischen 1950 und 1979, in einem Zeitraum von nur dreißig Jahren, wuchsen die Einnahmen um das Achtzehnfache, und in den fünfziger und sechziger Jahren ließ sich ein kontinuierlicher Anstieg beobachten; erst ab Mitte der siebziger Jahre gingen die Einnahmen zurück und stagnierten nun, bevor es ab 1980 wieder zu einem deutlichen Anstieg kam – bis Mitte der neunziger Jahre, in den Jahren «nach dem Boom» (Anselm Doering-Manteuffel, Lutz Raphael), die kirchlichen Finanzen schnell und dramatisch einbrachen. Im Untersuchungszeitraum von 1950 bis 1980 konnte die Hessen-Nassauische Kirche ihre Einnahmen aus der Kirchensteuer um 1441,24 Prozent steigern, eine enorme Zahl, die dieser Landeskirche, wie allen anderen westdeutschen evangelischen Landeskirchen und katholischen Diözesen, völlig neue Handlungsspielräume eröffnete. Beide großen Kirchen nutzten diesen primär aus den Kirchensteuern kommenden Geldsegen zur umfassenden Expansion ihrer Angebote: Man baute zahlreiche neue Kirchen, Gemeindezentren und Kindergärten; diverse übergemeindliche Arbeitsfelder wurden ausgebaut oder neu entwickelt, etwa eine eigene Arbeiterseelsorge in sogenannten Ämtern für Industrie- und Sozialarbeit, ein Filmdienst wurde eingerichtet, die Gefängnis- und Polizeiseelsorge ausgeweitet, auch eine übergemeindliche, nicht mehr in kirchlichen Verbänden organisierte Kinder- und Jugendarbeit kam hinzu. Auch richtete die Evangelische Kirche in Hessen-Nassau 1972 das neue Amt eines Umweltbeauftragten ein und baute seit den fünfziger Jahren in großem Stil die landeskirchliche Kirchenverwaltung in Darmstadt, die Verwaltungen der Propsteien und bei den sogenannten Rentämtern aus; Schmunk spricht von einer Steigerung der Mitarbeiterzahlen auf all diesen Verwaltungsebenen um mehrere hundert Prozent.

Auch Caritas und Diakonie konnten stark vom allgemeinen Wirtschaftswachstum und dem kontinuierlichen Ausbau des zunächst westdeutschen, dann gesamtdeutschen Wohlfahrtsstaates profitieren. Das in der Weimarer Reichsverfassung für soziale Dienste eingeführte «duale System» staatlicher, hier insbesondere kommunaler, und kirchlicher Angebote wurde in der Bundesrepublik massiv zugunsten von Caritas und Diakonie verschoben. Zu Beginn der sechziger Jahre setzten die beiden Großkirchen in harter Lobbyarbeit bei CDU und CSU einen gesetzlichen Vorrang der freien gemeinnützigen Wohlfahrtspflege vor der öffentlichen durch. «Für die Kommunen kam dies faktisch einem Betätigungsverbot gleich», hat der Politikwissenschaftler Ulrich Willems diese ebenso erfolgreiche wie folgenreiche kirchliche Machtdemonstration kommentiert. Niemand sonst profitierte so sehr wie Caritas und Diakonie vom nun gesetzlich garantierten Privileg der freien gemeinnützigen Sozialdienstleister. Der Deutsche Caritasverband wuchs von 137 500 Beschäftigten im Jahre 1960 auf heute ca. 510 000 und das Diakonische Werk von über 175 000 hauptamtlich Tätigen im Jahre 1975 auf derzeit 436 000. Beide großen Kirchen sind – im europäischen Vergleich – trotz der zunehmend schwierigen Zeiten seit Mitte der neunziger Jahre zumeist reich zu nennen und zum Teil mit viel Immobilienbesitz gesegnet. Jährlich nehmen sie gut 9 Milliarden Euro Kirchensteuern ein. Jahr für Jahr überweisen Bund und Länder ihnen 450 Millionen Euro zur Kompensation der einst in der Säkularisation von 1803 enteigneten kirchlichen Besitztümer. Nach den soeben, im November 2010 veröffentlichten Berechnungen Carsten Frerks, eines entschiedenen Kirchenkritikers, erhalten die beiden großen Kirchen sehr viel mehr staatliche Mittel als bisher angenommen: Frerk berechnet die direkten und indirekten Leistungen, die der Bund, Länder und Kommunen den evangelischen Landeskirchen und den römisch-katholischen Bistümern jährlich gewähren, auf insgesamt 19 Milliarden Euro, die für die Unterstützung konfessioneller Kindergärten, den Religionsunterricht in staatlichen Schulen, Theologische Fakultäten, Kirchliche Hochschulen, die kirchlichen Entwicklungsdienste und den Erhalt Tausender von Kirchen und Pfarrhäusern verwendet werden. In einigen Bundesländern werden die Gehälter der Bischöfe und anderer leitender Geistlicher direkt vom Staat bezahlt. Das bischöfliche Hilfswerk Misereor erhält 63 Prozent seines Etats von 162 Millionen Euro direkt vom Entwicklungshilfeministerium. Und Caritas und Diakonie können mit schätzungsweise 45 Milliarden Euro jährlich an sozialstaatlichen Transferleistungen rechnen. Die damit verbundene große Staatsnähe der Kirchen wird inzwischen vor allem von prominenten katholischen Bischöfen, auch von Papst Benedikt XVI., sehr kritisch gesehen.

Im politischen Betrieb setzen beide Kirchen auf klassischen Lobbyismus, etwa durch eigene Beauftragte in Berlin, Brüssel und den Landeshauptstädten, und wo man ihnen institutionellen Einfluss einräumt, in den Gremien der öffentlich-rechtlichen Sendeanstalten etwa, nehmen sie ihn offensiv wahr. Ihre «organisatorische Hochrüstung» (Hans Geser) hat den deutschen Kirchen aber nicht gut getan. Wer auch aus verständlichem Eigeninteresse, zur Stärkung der eigenen Machtchancen, vieles und tendenziell alles tun will, droht seine zentrale Aufgabe, die Kommunikation des Evangeliums als befreiender Wahrheit, zu vernachlässigen. Mehr Personal verbürgt nicht gesteigerte religiöse Kompetenz.

Das Gegenteil ist zu beobachten: Die Kirchen haben seit den sechziger Jahren des letzten Jahrhunderts erheblich an religiöser Überzeugungskraft eingebüßt. Dennoch werden faire, abwägende Beobachter eine bisher insgesamt ausgeglichene Bilanz ziehen. Trotz ihrer Schwierigkeiten, elementare Prinzipien der modernen parlamentarischen Demokratie zu akzeptieren, sind die Kirchen nach langen internen Kämpfen mehr oder minder deutlich im Staat des Grundgesetzes angekommen, die evangelische Kirche dank ihrer entscheidend von Trutz Rendtorff geprägten Demokratiedenkschrift aus dem Jahre 1985 theologisch klarer und prägnanter als die immer wieder schwankende katholische, und sie haben mit ökumenischer Konsenspflege entscheidend zur Stabilität der Bonner Republik beigetragen.

Bedeutete in der Wirtschaft die «Sozialpartnerschaft» das Ende der Klassenkämpfe, so «die Ökumene» in Religionskultur und Bildungspolitik das Ende der Kulturkämpfe zwischen Protestanten und Katholiken. Hunderttausende fromme Christen haben in den Jahren zwischen dem Mauerbau 1961 und der friedlichen Revolution von 1989 regelmäßig und entsagungsvoll Päckchen mit vielen guten Gaben an ostdeutsche Glaubensbrüder und -schwestern geschickt, und die westdeutschen evangelischen Landeskirchen und die EKD haben intensiv versucht, den engen Kontakt zu den Landeskirchen in der DDR zu pflegen. Ohne mutige protestantische Christen, offen diskutierende Gemeinden und die Bereitschaft vieler Pastoren, oppositionellen Gruppen an den unscharfen Rändern der evangelischen Kirche Räume und andere Ressourcen zur Verfügung zu stellen, hätte es in der DDR 1989 keine erfolgreiche Revolution gegeben. Das darf man ebenso wenig vergessen wie die Unterstützung von Papst Johannes Paul II. für die polnische

Solidarnosč. Zugleich muss man die politische Ambivalenz kirchlicher Gesellschaftsdiakonie sehen: Katholische Amtsträger haben bis in die fünfziger Jahre hinein NS-Kriminellen die Flucht nach Lateinamerika ermöglicht, und die protestantische Diakonie hat 1989 für den BND Alexander Schalck-Golodkowski an den Tegernsee gebracht.

Im Gründungsjahr der beiden deutschen Staaten waren 96,4 Prozent der Deutschen Mitglieder einer der beiden großen christlichen Kirchen. Aufgrund von hartem staatlichem Zwang und brutaler Unterdrückung haben in der DDR dann zahlreiche Menschen die hier dominierende evangelische Kirche verlassen, so dass in den neuen Bundesländern derzeit nur noch rund ein Viertel der Bevölkerung einer christlichen Kirche angehört. Im Westen ist seit den späten sechziger Jahren ein bis heute andauernder Trend zu Kirchenaustritt und Entkirchlichung zu beobachten. 1970 verließen knapp 70 000 Menschen die römisch-katholische Kirche, bei 4100 Eintritten und 1700 Wiederaufnahmen. Seitdem hat Jahr für Jahr eine hohe fünf- oder sechsstellige Zahl von Menschen ihre katholische Kirche verlassen. Zwar sind seit der Jahrtausendwende die Zahlen der Wiederaufgenommenen und neu Eintretenden deutlich gestiegen – 2008 gab es 9500 Wiederaufnahmen und knapp 4400 Neueintritte –, aber zugleich wächst auch die Zahl der Austretenden: 121 155 im Jahr 2008. Von 1990 bis Ende 2008 sind 2 471 752 Menschen aus der römisch-katholischen Kirche ausgetreten, bei 161 134 Wiederaufnahmen und 77 710 Eintritten; ohne die Einbußen durch den demographischen Wandel – da mehr Katholiken sterben als geboren und getauft werden – ist dies eine Verlustbilanz von knapp 2 233 000 Menschen in nur achtzehn Jahren.

In der evangelischen Kirche lassen sich auf konstant höherem Austrittsniveau analoge Prozesse beobachten. Von 1990 bis Ende 2008 haben 3,8 Millionen Menschen die evangelische Kirche verlassen, 2008 ist die Zahl der Ausgetretenen gegenüber dem Vorjahr um 30 000 auf 160 000 gestiegen. Gut 280 000 Menschen, die Bevölkerung einer mittleren deutschen Großstadt wie Münster, Karlsruhe oder Wiesbaden, sind also 2008 aus den beiden großen Kirchen ausgewandert. Viele Indizien sprechen dafür, dass 2009 die Austrittszahlen noch einmal deutlich zugenommen haben. Für die evangelischen Landeskirchen liegen noch keine verlässlichen Zahlen vor. Doch die römisch-katholische Kirche hat im August 2010 gemeldet, dass 2009 knapp 124 000 Katholiken ihre Kirche verlassen haben, wohl auch wegen der päpstlichen Rehabilitierung der politisch rechtsradikalen Pius-Brüder mit ihrem antisemitischen Bischof Richard Williamson. Erstmals seit Beginn der Statistik im Jahr 1960 sank die Zahl der Katholiken unter die Marke von 25 Millionen; das entspricht einem Anteil der in Deutschland lebenden Menschen von 30,5 Prozent. Die Evangelische Kirche in Deutschland verzeichnet zum Jahresende 2008 bei gleichfalls weiter sinkender Tendenz 24,5 Millionen Mitglieder. Auch aufgrund der sinkenden Geburtenraten ist die Zahl der katholisch getauften Kinder so niedrig wie noch nie seit 1960. Wurden 1990 fast 300 000 katholische Taufen registriert, so waren es 2009 nur noch knapp 180 000 Täuflinge. Beide großen Kirchen schrumpfen zudem sehr stark durch sogenannte Sterbeüberschüsse. 2009 lag die Zahl der katholischen Trauerfeiern und Bestattungen um 75 000 höher als die der Taufen. Auch 2009 konnten Eintritte und Wiederaufnahmen in die katholische Kirche die Austritte und den Sterbeüberschuss bei weitem nicht ausgleichen. Eintritte und Wiederaufnahmen gingen gegenüber 2008 um jeweils gut 10 Prozent zurück, auf 4009 und 8650 neue Kirchenmitglieder. Selbst bei einer klassischen Kasualie wie der Kirchlichen Trauung lässt sich ein deutlicher Traditionsabbruch beobachten. Hatten sich 1990 annähernd 120 000 Paare nach römisch-katholischem Ritus trauen lassen, so waren es 2009 nur noch 49 000. Auch bei den Sonntagsgottesdiensten verzeichnet die Statistik einen stetigen Rückgang. 1990, im Jahr des Beitritts der DDR zum Staat des Grundgesetzes, hatten etwa 22 Prozent der katholischen Kirchenmitglieder an den beiden sogenannten Zählsonntagen – das ist immer der zweite Sonntag der Fastenzeit sowie der zweite Sonntag im November – am Gottesdienst teilgenommen. 2009 waren es dann 13 Prozent. Dies ist, jedenfalls aus protestantischer Perspektive, immer noch eine bemerkenswert hohe Zahl, die trotz aller Krisenerscheinungen eine elementare Verbundenheit zumindest eines Teils der Katholiken mit ihrer Kirche spiegelt.

Die aktuellen Debatten um brutale Prügelstrafen, vielfältigen Missbrauch von Jugendlichen und gezieltes Vertuschen von Straftaten dürften die innere Distanz vieler Menschen zur katholischen «Amtskirche» noch einmal verstärken. Die *Süddeutsche Zeitung* hat im Frühjahr 2010 berichtet, dass in allen bayerischen Diözesen Menschen bei den Standesämtern Schlange stehen, um auszutreten, und eine Münchner Boulevardzeitung brachte pünktlich zu Frühlingsbeginn groß den Aufmacher: «Ich bin ausgetreten».

Man versteht die panische Sorge der politischen Klasse, dass die Kirchen abstürzen und keinen relevanten Beitrag zur Pflege der vorpolitischen, sozialmoralischen Grundlagen des Gemeinwesens mehr leisten. Der Hinweis, dass auch andere Großorganisationen wie die Volksparteien oder die Gewerkschaften an Integrationskraft einbüßen, kann nicht darüber hinwegtäuschen, dass von den Kirchen derzeit kaum noch geistliche Strahlkraft ausgeht. Es ist wie in der globalen Finanzkrise: Vertrauen wird in modernen Gesellschaften ein knappes Gut. Und Organisationen zur Kommunikation von Glaube, Gewissheit und Gottvertrauen sind nun einmal besonders stark auf Glaubwürdigkeit angewiesen. Die Religionsexperten haben beim einst so starken niederländischen Katholizismus sehen können, wie schnell eine vermeintlich stabile, mächtige religiöse Großorganisation implodieren kann.

Kirchenaustritt bedeutet für viele Getaufte keineswegs den inneren Abschied von Glaube und Christentum. Ganz im Gegenteil lässt sich bei nicht wenigen Enttäuschten beobachten, dass sie auf je eigene Weise mit der alten, schon in der Aufklärungstheologie eines Johann Salomo Semler entwickelten Grundunterscheidung von Christentum und Kirche ernst machen. In der Bundesrepublik wächst das «Christentum außerhalb der Kirche» (Trutz Rendtorff), die Christlichkeit derer, die getauft sind, sich mehr oder minder explizit als Christen oder Kulturchristen verstehen, aber mit den verlotterten Kirchen nichts mehr zu tun haben, sie jedenfalls nicht mehr finanzieren wollen.

In genau dem religionshistorischen Moment, in dem der deutsche Staat durch die Islamkonferenz den Muslimen im Lande nahelegt, sich nach dem Vorbild der Christen endlich kirchenähnlich zu vergesellschaften, feste Strukturen zu schaffen, damit der Staat einen vertragsfähigen Ansprechpartner habe, erleben wir, paradox genug, einen neuen Schub hin zur strukturellen Islamisierung der konfessionellen Christentümer: Man fühlt und versteht sich als Christ, ohne noch einer Kirche anzugehören. Im britischen religionssoziologischen Diskurs wird dieser europaweit wachsende Typ von Christlichkeit als «believing without belonging» charakterisiert.

Auf ihre tiefe Krise haben die Kirchen seit 1970 zunächst defensiv reagiert. Sie haben durch diverse Umfragen die Erwartungen der Mitglieder an die Institution erkundet, Priester und Pastoren nach ihrer Berufsrolle gefragt, Planungsstäbe eingerichtet und eher hilflos betont, wie unverzichtbar sie doch für die Gesellschaft sind. Bei vielen führenden Vertretern der Kirchen lässt sich die nackte Angst beobachten, überflüssig zu werden. Desto mehr zieht man alles Mögliche an sich und setzt darauf, jede Machtchance wahrzunehmen. Die religiöse Symbolsprache mit ihrer Rede vom allmächtigen Gott verführt nicht selten dazu, auch die Kirche primär in autoritären Kategorien von Macht und Herrschaft zu denken, keineswegs nur in der streng hierarchisch verfassten, von geweihten Männern regierten Papstkirche. Auch im kirchlichen Protestantismus lässt sich bei einigen prominenten Kirchenvertretern ein starker Trend hin zu autoritärem Klerikalismus und Hierarchiekult beobachten. Im Gegensatz zu Luthers Lehre vom Priestertum aller Getauften – durch die Taufe werde jeder einzelne Christ zum «Priester», auch zum «Bischof und Papst», hat der Reformator immer wieder erklärt – meinen manche Landesbischöfe nun ein episkopales Amtscharisma in Anspruch nehmen zu dürfen, das sie irgendwie doch zu Christen eigener, besonderer Art macht. Auch durch eine neue selbst designte Klerikalmode will man gern Macht demonstrieren. Doch Kleider können Angst nicht überdecken.

Bis in die Körpersprache prominenter Bischöfe hinein lässt sich die Gleichzeitigkeit von Angst und Machtwille beobachten. Je mehr Angst man davor hat, nicht mehr gebraucht zu werden, desto aggressiver werden Pastoralmacht und episkopale Autorität betont. Im Entscheidenden sind die kirchlichen Funktionseliten ratlos, weil sie die schnellen Transformationsprozesse im «religiösen Feld» der Bundesrepublik und anderer europäischer Gesellschaften kaum zu deuten und noch weniger zu steuern vermögen. Das einst autoritätsfromme «Kirchenvolk» ist in einer offenen Gesellschaft zu mündigen Kirchenbürgern geworden, die sich nicht mehr von irgendwelchen Klerikern sagen lassen, was sie zu glauben und denken haben. In beiden Kirchen gibt es eine sehr große religiöse Vielfalt, und dies macht es Kirchenleitungen und Pfarrern zunehmend schwer, den höchst gegensätzlichen Erwartungen der Mitglieder gerecht zu werden. Individualisierte Bricolage-Frömmigkeit mit Versatzstücken aus ganz unterschiedlichen Traditionen lässt sich in den Kirchen ebenso finden wie fundamentalistische Weltverachtung oder ein autoritärer Habitus, im Unterschied zu anderen im Alleinbesitz der Glaubenswahrheit zu sein.

Die überlieferte Kirchenlehre mit ihren schwer verständlichen Dogmen und Bekenntnissen interessiert nur eine kleine Minderheit der Kirchenchristen. Folgt man dem «Religionsmonitor» der Bertelsmann Stiftung, einem neuen Verfahren zur empirisch orientierten Erhebung religiöser Einstellungen, gehört jedes fünfte deutsche Kirchenmitglied zu den «Hochreligiösen», mit deutlich sichtbarer konfessioneller Differenz: Bei den Protestanten sind nur 14 Prozent hochreligiös, bei den Katholiken aber 27 Prozent. Zur Bestimmung von religiösen Emotionen und Mentalitäten unterscheidet der «Religionsmonitor» zwischen theistischer und pantheistischer Semantik und Spiritualität. Dem theistisch Frommen ist das persönliche Gebet wichtig, und er meint zu erfahren, dass Gott oder eine göttliche Kraft in sein Leben eingreift, ihm Richtung und Sinn gibt. Der Pantheist hingegen will fühlen, mit allem eins zu sein, und dazu setzt er auf Meditation. In beiden Kirchen finden sich beide Spiritualitätsmuster, mit klarer konfessioneller Differenz.

Bei den Kirchenchristen mit hoher theistischer Spiritualität haben die Katholiken einen Anteil von 29 Prozent, die Protestanten von nur 18 Prozent. 36 Prozent der Katholiken, 30 Prozent der Protestanten und immerhin 20 Prozent der Konfessionslosen bekunden hohe oder mittlere pantheistische Religiosität. Die Grenzen zwischen einst fernen Religionskulturen sind unter den Bedingungen der Globalisierung diffus, und leicht lassen sich Elemente einer religiösen Symbolsoftware in eine ganz andere hineinkopieren – mit der Folge, dass mitten in den Kirchen zahlreiche buddhistisch Gestimmte glaubensgewiss ihre Reinkarnation bezeugen, manche Protestanten sich nach Weihrauch und Ikonenkuss sehnen und wieder andere ernsthaft bekunden, nur durch indianisch-naturreligiöse Riten lasse sich der Klimawandel meistern. Das Bildungswerk der Erzdiözese Freiburg bietet neben traditionellen Kursen wie «Mit der Bibel vertraut werden» denn auch Veranstaltungen zu «Zen-Meditation», «Fußreflexzonentherapie», «Yoga», «Alexandertechnik», «Tai Chi» und ein «Bach-Blüten-Seminar» an. Auch wird in kirchlichen Bildungshäusern gern Bioenergetik, Qi Gong und Channeling vermittelt. Im katholischen Edith-Stein-Haus in Neuss kommen zu all dem noch Kurse über «Selbsterfahrung durch Farben» oder «Atem ist Leben» hinzu. Und das Frankfurter Haus der Begegnung, ebenfalls eine katholische Einrichtung, hat seit 1990 immer wieder «Shiatsu-Massage mit ätherischen Ölen», «Bioenergetik, Atem und Massage» sowie Kurse wie «Selbstheilung», «Das Gesicht, das zu mir passt – Kosmetik und Visagistik», «Das Auge im Bauch», «Focusing» und «(M)ICH-Management» im Programm.

Zu bunter religiöser Vielfalt und synkretistischer Verschmelzung aller möglichen nicht-christlichen Glaubensbilder mit christlichen Symbolen tragen die Kirchenleitungen nicht zuletzt aus ökonomischen Interessen selbst bei. Der mit der Evangelisch-Lutherischen Kirche in Bayern verbundene Claudius Verlag vertreibt das esoterische Enneagramm, ein neunspitziges Symbol zur autosuggestiven Lebensbewältigung, und auch andere kirchliche oder kirchennahe Verlage haben kundenorientiert auf Esoterik umgestellt, weil man mit Pendelkunde und Schau heiliger Steine viel mehr Geld als mit traditionellen Glaubensprodukten wie Andachtsbüchern, Taufkerzen und Kinderbibeln verdienen kann. Wer das Programm des Weltbild Verlages, im Eigentum von vierzehn deutschen Diözesen und der katholischen Soldatenseelsorge, kennt, speziell dessen boomenden Vertrieb halbseidener Produkte, kann viel über kapitalistisch induzierte episkopale Schamlosigkeit lernen. In ökumenischen «Sozialworten» kritisiert man zugleich die Fegefeuer des Marktes und den modernen Konsumkapitalismus. Im Umgang mit kognitiver Dissonanz haben die Kirchen eben ungleich mehr Erfahrung als jeder andere gesellschaftliche Akteur. Besonders glaubwürdig macht sie ihr Geschäftsgebaren aber nicht.

Die biblischen Überlieferungen und die Symbolwelten des christlichen Glaubens sind in sich äußerst spannungsreich. Gerade in dieser inneren Komplexität und Deutungsoffenheit liegt ihre Faszinationskraft begründet. Denn nur so ermöglichen sie es, den elementaren Ambivalenzen endlichen Lebens gerecht zu werden, der paradoxen Gleichzeitigkeit von Sünde und Gelingen, Kreativität und Scheitern, Angst und Hoffnung. In der Verkündigung der Kirchen ist davon oft nur wenig zu spüren. Ein wild wabernder Psychojargon, der Kult von Betroffenheit und Authentizität hat wohl nirgends sonst so großen Schaden angerichtet wie in den Kirchen. Hier sind argumentativer Streit, intellektuelle Redlichkeit und theologischer Ernst weithin durch Gefühlsgeschwätz, antibürgerliche Distanzlosigkeit und moralisierenden Daueraappell abgelöst worden.

Wem nichts mehr einfällt, dem bleibt das Moralisieren, und darin sind die Kircheneliten besonders stark. Man denkt über schwierige, unübersichtliche Verhältnisse nicht nach, sondern setzt «ein Zeichen», in der Attitüde prophetischer Besserwisserei. Gern wird semantisch hochgerüstet, und unter dem «Weltfrieden» oder der «Bewahrung der Schöpfung» tut man es nicht. Besonders beliebt sind trinitarische Hohlformeln, etwa die Bekundung von «Zorn, Wut und Trauer», oder eine appellative Sollenssprache, die dem armen Gottesdienstbesucher gleich die Gesamthaftung fürs große Elend in der Dritten und Vierten Welt aufbürdet. Der Kanzelprophet ist meist aber «nur ein aufgeregter Kleinbürger in biblischer Verkleidung» (Johann Hinrich Claussen), der die bittere Armut jenseits der Meere dafür instrumentalisiert, die eigene theologische Gedankenlosigkeit zu kaschieren. Die moralistische Reduktion religiöser Komplexität, das Abblenden elementarer Lebenswidersprüche zugunsten moralisch eindeutiger Scheidung der Guten von den Bösen erlaubt es nicht, mit eigenen Ambivalenzen und Fehlern konstruktiv umzugehen. Sie verhindert realistische Selbstwahrnehmung und leistet nur dem ruinösen Verschleiß der Glaubenssprache für alle möglichen banalen Tageszwecke Vorschub.

Nicht wenige Kirchenleitungen haben auf die neuen Herausforderungen primär sozialtechnologisch, mit der Rezeption von Betriebswirtschaft und modernen Management-Techniken reagiert. Die Literatur über «Kirche als pastorales Unternehmen» und «Spirituelles Gemeindemanagement» füllt eine eigene Bibliothek. Wo Klingelbeutel war, soll nun Profitcenter werden, und natürlich will man jetzt ein Glaubensdienstleister sein. All die Strukturpläne, Reformkonzepte, Organigramme und Strategien, durch effizienteres Management und die Zusammenlegung von Gemeinden zu Großpfarreien die Erosion zu stoppen oder gar «gegen den Trend zu wachsen», können aber die entscheidenden Probleme nicht beheben: Die deutschen Kirchen sind stark vermachtete und verfilzte Organisationen mit viel Pfründenwirtschaft zur Alimentierung von Funktionären, die gern unter sich bleiben und miteinander in einem verquasten Stammesidiom kommunizieren, das für Außenstehende unverständlich bleibt – der ideale Nährboden für Schweigekartelle und Wagenburgmentalität. In ihnen gibt es erschreckend viel Informalität und Klientelismus. Stellen werden zum Teil nicht offen ausgeschrieben, sondern über ihre Besetzung wird in Hinterzimmern gekungelt. «Legitimität durch Verfahren» (Niklas Luhmann) und Transparenz sind im Kirchendeutsch Fremdworte aus einer fernen Welt geblieben. Obwohl sich die Botschaft des Evangeliums als eine befreiende Wahrheit deuten lässt, die gebotener Aufklärung dient – Gottes Selbstoffenbarung in Jesus von Nazareth als Inbegriff von öffentlicher Transparenz –, tun sich beide großen Kirchen jedenfalls sehr schwer damit, über ihre Aktivitäten und auch erkannte Missstände umfassend Rechenschaft abzulegen. Ein Beispiel nur: Die Rechtsanwältin Marion Westphal hat 2010 mehr als ein halbes Jahr lang untersucht, wie das Erzbistum München-Freising von 1945 bis 2009 mit Fällen von sexueller und körperlicher Gewalt umgegangen ist. In ihrem 250 Seiten umfassenden Bericht spricht sie, laut Presseberichten vom 4. und 5. Dezember 2010, von langjähriger systematischer Vertuschung im erzbischöflichen Ordinariat, gezielter Vernichtung von Akten in gravierendem Umfang, Personalakten mit erheblichen Lücken sowie einem «euphemistischen und verharmlosenden Sprachgebrauch» im Falle von sexuellen Übergriffen. Ein «fehlinterpretiertes klerikales Selbstverständnis» habe die Bestrafung von Priestern, die zu Tätern geworden waren, verhindert und den «rücksichtslosen Schutz des eigenen Standes» befördert. Auch spricht die Rechtsanwältin in einer gemeinsam mit Reinhard Kardinal Marx und dem Generalvikar der Erzdiözese durchgeführten Pressekonferenz davon, dass «homosexuell veranlagte Kleriker» einem «besonderen Erpressungspotential» ausgesetzt waren. Immer wieder berichteten die Akten von Priestern, die mit ihrem Berufsalltag nicht zurechtkamen und oft alkoholabhängig waren. Dem jetzigen Erzbischof und seinem Generalvikar Peter Beer bescheinigt sie «unbedingten Aufklärungswillen». Dennoch soll ihr Bericht «aus Datenschutzgründen» nur in «Kernaussagen» veröffentlicht werden. Transparenz sieht anders aus. Vertreter von Opfern waren zur Pressekonferenz gar nicht erst zugelassen worden.

Man muss leider betonen: Unter Deutschlands katholischen Bischöfen ist es ein einziger, Reinhard Kardinal Marx, der sich dazu entschlossen hat, durch eine unabhängige Anwältin die Verfehlungen der Vergangenheit, soweit überhaupt noch möglich, aufklären zu lassen. Aus den anderen deutschen Diözesen ist nichts Vergleichbares bekannt. Schlimmer noch: Die *Süddeutsche Zeitung* berichtete Mitte Dezember 2010 davon, dass der Westphal-Bericht nun in einem Tresor verwahrt werde, zu dem nur der Kardinal und sein Generalvikar einen Schlüssel hätten. Hier wird zugleich angedeutet, dass die beiden so nun über ein Geheimwissen verfügen, mit dem sich andere im Bericht genannte Kleriker unter Druck setzen ließen. Potentielle Erpressung als ein legitimes Mittel von Kirchenpolitik? Dieselben Kirchen, die intern nur sehr wenig Transparenz zulassen, werfen der Bundesregierung und pauschal auch der deutschen Industrie vor, in Sachen Rüstungsexporte gezielt eine Politik von Verschleierung und Intransparenz zu betreiben. Warum soll für andere jene moralische Pflicht zur Offenlegung gegeben sein, die man selbst immer wieder unterläuft? Anzumerken ist zudem, dass die römisch-katholische Kirche im Lande noch immer Entscheidungen hinauszögert, ob und wie die Opfer von klerikalem Missbrauch entschädigt werden sollen. Auch in dieser ethisch wie rechtlich schwierigen Frage hat man jahrzehntelang moralische Maßstäbe an andere angelegt, die man für sich selbst nun nicht gelten lassen will.

Die Kirchen sind hoch narzisstisch und fortwährend auf sich selbst fixiert. Es fehlt ihnen zunehmend an überzeugendem Personal, speziell an gebildeten Führungskräften, sieht man einmal von Karl Kardinal Lehmann und Wolfgang Huber, dem früheren Ratsvorsitzenden der Evangelischen Kirche in Deutschland, ab. Sie kennen keine diskursive Kultur des offenen argumentativen Austrags interner Konflikte. In Tausenden von Ausschüssen, Kommissionen, Kammern und beratenden Gremien wird viel geredet, aber nichts gesagt und noch weniger verbindlich entschieden. Die eitle Neigung, sich zu allem und jedem zu Wort zu melden, unterminiert die religiöse Glaubwürdigkeit und fördert nur den Vertrauensverlust: Wer allen möglichen anderen – «der Politik», «dem Staat», «der modernen Gesellschaft», «den Menschen draußen im Lande» etc. – fortwährend moralische Ratschläge erteilt, darf sich jedenfalls nicht wundern, wenn er – man denke nur an den Missbrauchsskandal – an seinen eigenen Maßstäben gemessen wird.

Über institutionell Entscheidendes wird nicht geredet: Man erbaut sich an den roten Schühchen des Heiligen Vaters, ob Prada oder nicht, mag aber die möglichen Gründe dafür nicht offen diskutieren, dass der Beruf des katholischen Priesters besonders gern von Homosexuellen angestrebt wird – auch wenn das Lehramt homosexuelle Handlungen als sündhaften Verstoß gegen das Naturrecht verurteilt. Man verteidigt routiniert den Zölibat, hat aber kein einziges überzeugendes theologisches Argument. Auch schweigt man darüber, dass zunehmend Frauen ins evangelische Pfarramt streben und hier der Theologennachwuchs immer weniger aus akademischen Elternhäusern kommt. Man kann diese Feminisierung eines traditionell von Männern usurpierten Berufes durchaus als soziale Öffnung preisen, sollte aber zugleich die Ambivalenzen sehen: Für viele exzellente männliche Theologen ist die evangelische Kirche kein interessanter Arbeitgeber mehr. Sie gehen nach glänzendem Examen oder Summa-Promotion lieber in die Industrie, in Werbeagenturen oder Personalabteilungen. Neuerdings lässt sich dieser brain drain auch bei Frauen mit hervorragenden Examensnoten beobachten. Aber in den Kirchen wird dies verdrängt. Man müsste sich sonst ja mit den eigenen Schwächen auseinandersetzen.

Die christlichen Kirchen haben sich traditionell in Gestalt theologischer Reflexion, durch Entwicklung einer dogmatischen Ekklesiologie, selbst wahrgenommen. Hier ist zwischen sichtbarer und unsichtbarer Kirche unterschieden sowie die Aufgabe und geistliche Eigenwürde der Kirche beschrieben worden. In der römisch-katholischen Theologie waren bis weit ins 20. Jahrhundert hinein – in kritischer Abgrenzung von protestantischen Lehren – Vorstellungen von der Kirche als *societas perfecta* bestimmend, der im Gegensatz zum unvollkommenen Staat vollkommenen geistlichen Gemeinschaft, wohlgeordnet unter der weisen Leitung des Papstes und seiner Bischöfe. «Nach katholischem Verständnis ist die Kirche weder eine rein übernatürlich-spirituelle Größe noch eine rein irdisch-soziologische, sondern eine einmalige spezifische Synthese aus göttlicher und menschlicher, aus natürlicher und übernatürlicher Wirklichkeit», heißt es 2002 im *Lexikon für Kirchen- und Staatskirchenrecht.*

Die katholische Kirchentheorie ist sehr viel stärker als die protestantische am «sichtbaren Gefüge der Kirche» interessiert, das als «Gesellschaft sui generis» gedacht wird, mit «Eigenrechtsmacht» und prinzipiell unvergleichbar mit allen rein menschlichen Sozialverbänden. In der protestantischen Ekklesiologie steht demgegenüber die unsichtbare Kirche der gerechtfertigten Sünder im Zentrum, aber auch hier mit einer zum Teil stark betonten Entgegensetzung von «Kirche» und «Welt». Trotz grundlegender begrifflicher Unterschiede zwischen protestantischer und katholischer Kirchenlehre, gegensätzlichem Verständnis von Ämtern in der Kirche und evangelischer Ablehnung eines Zweiklassenchristentums von Priestern und Laien wird hier wie dort mit Disjunktionen von «Kirche» und «Welt» gearbeitet, die es nur begrenzt erlauben, ein differenziertes Verständnis der sozialen Umwelten der Kirchen, der «Welt», zu gewinnen und ein Selbstbild der Kirchen in der funktional differenzierten Gesellschaft zu entwickeln, deren Sozialstruktur und plurale Diskurse sich immer auch in den Kirchen selbst abbilden.

Gerade in ekklesiologischen Binnenperspektiven katholischer Theologie ist das Andere der Kirche immer nur «bloße Welt», weniger perfekt als die essentiell vollkommenere kirchliche Gemeinschaft. Genau diese dogmatische Selbstüberhöhung der idealen Kirche lässt verstehen, warum es vielen Funktionsträgern in den Kirchen so schwer fällt, Missstände zu benennen und bei begründetem Verdacht auf Rechtsverstöße die staatliche Justiz einzuschalten. In der römisch-katholischen Kirche wirken zudem die Traditionen des *privilegium fori*, des Priesterprivilegs, nach, dem zufolge die Geweihten vom weltlichen Gerichtsstand befreit sind und keiner Strafverfolgung durch staatliche Instanzen unterliegen dürfen.

Noch in seinem Schreiben *De delictis gravioribus* vom 18. Mai 2001 hat der damalige Präfekt der Glaubenskongregation Joseph Kardinal Ratzinger einige Unklarheit erzeugt, indem er, um der Vermeidung von weiteren Vertuschungsversuchen in den Ortskirchen vor allem Irlands willen, einerseits für Fälle des Missbrauchs Minderjähriger durch Kleriker eine strenge Meldepflicht bei der Glaubenskongregation als der kirchengerichtlich allein zuständigen römischen Behörde einführte, für solche Meldungen aber die strengste Verschwiegenheit, das sogenannte päpstliche Geheimnis, vorschrieb, also andererseits den Eindruck erzeugte, als solle und dürfe der meldende Ortsbischof ausschließlich nach Rom berichten, nicht aber die staatliche Justiz einschalten und damit seine Schweigepflicht brechen.

An den Schnittstellen zwischen staatlichem Recht und Kirchenrecht gibt es noch immer sehr viel rechtliche wie politische Unklarheit, und hier besteht im demokratischen Rechtsstaat großer politischer Diskussionsbedarf. Die Probleme aber liegen tiefer, in den Selbstbildern von Kirchen, die in dogmatischer Ekklesiologie nur ein unzureichendes Verständnis ihrer empirischen Verfassung, der sichtbaren Kirche gewinnen können, steile theologische Selbstdeutung und betriebswirtschaftliche Management-Rhetorik nicht zu verbinden wissen und, jedenfalls im katholischen Diskurs, keinen qualifizierten Begriff der Eigenwürde der «Welt» und ihres Rechts entwickelt haben. So sehen sie sich nun von einer feindlichen Umwelt belagert oder von bösen Medienleuten in einem neuen Kirchenkampf umstellt. Dass gerade kritische Öffentlichkeit den Kirchen guttut und Kritik der kirchlichen Institution seit fünfhundert Jahren ein legitimer Ausdruck christlicher Freiheit ist, scheinen derzeit manche «Kirchenführer» zu vergessen.

Niemand kennt den Preis, den eine freiheitliche Bürgergesellschaft auf lange Sicht zu zahlen hat, wenn ihre religiösen Institutionen und Organisationen erodieren. Er dürfte sehr viel höher sein als von vielen vermutet, und deshalb bedarf es nun im Lande endlich einer politischen Debatte über Aufgabe und Zustand der Kirchen. Sie sind zu wichtig, als dass man sie ihren eigenen, wahrlich «exzentrischen» Funktionseliten überlassen darf. Dahrendorfs Fehler, die Kirchen zu ignorieren, können sich demokratischer Staat und freiheitliche Gesellschaft nicht mehr leisten.

Meine kritische Analyse der Kirchen lässt sich in «sieben Untugenden» bündeln, die ich in einigen kurzen Essays näher beschreibe. Untugenden sind keine «Todsünden», so sehr die Siebenzahl diese düstere Assoziation beim Thema «Kirche» auch heraufbeschwört. Aber es geht nicht darum, den in den Kirchen Verantwortlichen mit erhobenem Zeigefinger Höllenstrafen in Aussicht zu stellen. Vielmehr soll gezeigt werden, dass sie mit ihren «Untugenden» die sieben Kardinaltugenden der antiken humanistischen und christlichen Tradition – Vernunft, Tapferkeit, Gerechtigkeit, Mäßigung sowie Glaube, Hoffnung und Liebe – missachten. Der Begriff der «Kardinaltugend» stammt aus einer Pflichtenlehre *De officiis ministrorum* des Kirchenvaters Ambrosius von Mailand. In kritischer Auseinandersetzung mit der Tugendlehre Ciceros, der ganz im Sinne älterer griechischer Überlieferungen vier «Haupttugenden» – *sapientia* oder *prudentia* (Weisheit oder Klugheit), *iustitia* (Gerechtigkeit), *fortitudo* beziehungsweise *magnitudo animi* (Tapferkeit) und *temperantia* (Mäßigung) – gelehrt hatte, ergänzte Ambrosius diese teils paganen, teils auch in der Septuaginta entfalteten Haupttugenden um die drei neutestamentlichen Tugenden von *fides* (Glaube), *spes* (Hoffnung) und *caritas* (Liebe).

In diesem klassischen Kanon gilt weise Vernunft als erste Kardinaltugend. Ohne Vernunft ist theologische Reflexion nicht denkbar, aber anstelle von kritischer Rationalität herrschen im kirchlichen Diskurs weithin dogmatischer Jargon und theologische *Sprachlosigkeit* vor. Tapferkeit ist eine Tugend des Gebildeten und, modern gesagt, des Intellektuellen. Aber in den Kirchen treten an ihre Stelle allzu oft serviler Anpassungseifer und seichte *Bildungsferne*. Drittens gehört Gerechtigkeit zu den sieben Haupttugenden. Die Suche nach Gerechtigkeit muss die Kirchen und die Gläubigen leiten, aber sie schlägt heute allzu oft in einen selbstgerechten *Moralismus* um. Die vierte antike pagane Tugend ist Mäßigung. Auch diese *temperantia* hat sich das Christentum – freilich nicht immer erfolgreich – zu eigen gemacht. Doch wird sie von kirchlichen Würdenträgern nun missachtet, wenn sie sich an den demokratischen Institutionen vorbei politische Einspruchsrechte zuschreiben. *Demokratievergessenheit* ist daher die vierte Untugend, um die es in diesem Buch gehen soll.

Den vier antiken Kardinaltugenden hat die Alte Kirche die drei neutestamentlichen, oft auch als «theologische» oder «göttliche Tugenden» bezeichneten Tugenden Glaube, Hoffnung und Liebe hinzugefügt. Glaube ist, jedenfalls nach amtlicher römisch-katholischer Lehre, keine rein subjektive Haltung, sondern wird entscheidend vom kirchlichen Dogma bestimmt. Den dogmatischen Vorgaben des römischen Lehramts sollen die Gläubigen vertrauen. Hieraus erwächst den Kirchenführern Autorität, die heute allzu oft zu weltfremder *Selbstherrlichkeit,* der fünften kirchlichen Untugend, wird. Ein Gegenstück zur Hoffnung, die im Christentum immer auch Hoffnung auf umfassende Erneuerung meint, ist sechstens strukturkonservative, modernitätskritische *Zukunftsverweigerung.* Schließlich ist der Liebesdienst am Nächsten eine christliche Tugend. Mächtige Organisationen wie Diakonie und Caritas sind im modernen Deutschland dafür zuständig. Das Ergebnis ist jedoch allzu oft ein von Bevormundungseifer geprägter *Sozialpaternalismus.*

Die im folgenden skizzierten Überlegungen spiegeln allein die individuelle Sicht des Autors, eines liberalen protestantischen Theologen, der in seiner Denkarbeit stark geprägt ist von Kantischem Republikanismus, freier Theologie des sogenannten liberalen Kulturprotestantismus und unfanatischem Denkglauben. Das Christentum, von Georg Wilhelm Friedrich Hegel als «Religion der Freiheit» begriffen, ist für mich eine «denkende Religion» (Carl Heinz Ratschow). In seiner Berliner Rechtsphilosophie, den 1821 veröffentlichten *Grundlinien der Philosophie des Rechts*, hat Hegel das «Prinzip des Protestantismus» auch mit gesteigertem intellektuellem «Eigensinn» identifiziert: «Es ist ein großer Eigensinn, der Eigensinn, der dem Menschen Ehre macht, nichts in der Gesinnung anerkennen zu wollen, was nicht durch den Gedanken gerechtfertigt ist, – und dieser Eigensinn ist das Charakteristische der neueren Zeit, ohnehin das eigentümliche Prinzip des Protestantismus.» Trotz aller elementaren Unterschiedenheit und wohl auch Ferne der beiden Volkskirchen in jener «Ökumene der Profile» (Wolfgang Huber), die die gegenwärtige religionskulturelle Situation der Christen im Lande entscheidend prägt, haben sie gemeinsame Probleme. Theologische Sprachlosigkeit, Bildungsferne, Milieuverengung, pathetischer Antipluralismus, Verfall der Liturgie, autoritärer Moralismus und eine Sprache der Entmündigung freier Christen lassen sich hier wie dort beobachten. Dennoch ist im Folgenden mehr von den evangelischen Landeskirchen und ihren Problemen als von der römisch-katholischen Kirche in Deutschland die Rede – obgleich ich auch am Beispiel des Regensburger Theologieprofessors Joseph Ratzinger und jetzigen Papstes Benedikt XVI. die Untugend der nur peinlichen Selbstherrlichkeit vieler führender Kleriker zu beschreiben versuche. Protestantische Lebenswelten sind mir seit meiner Geburt nun einmal näher, präreflexiv vertrauter, und ich möchte den Eindruck vermeiden, dass der deutsche kirchliche Katholizismus derzeit eine sehr viel dramatischere Krise zu bearbeiten hat als die evangelischen Kirchen.

Man sieht sich sowohl mit gemeinsamen als auch je eigenen, konfessionsspezifischen Krisenphänomenen konfrontiert. Das religionskulturelle Profil einer von geweihten Männern regierten «Weltkirche» ist nun einmal anders als das von Landeskirchen des «Priestertums aller Gläubigen» oder «aller Getauften», die den Zugang zum geistlichen Amt weder von biologischen oder gar sexistischen Kriterien abhängig machen – Frauen werden hier aus guten theologischen Gründen ordiniert und können als Pfarrerinnen beziehungsweise Bischöfinnen Leitungspositionen bis hin zum Vorsitz des Rates der Evangelischen Kirche in Deutschland übernehmen –, noch den je individuellen sexuellen Identitätsentwurf – etwa: schwul oder lesbisch – als hinreichenden christlichen Grund für eine Exklusion vom Amt der Wortverkündigung und Verwaltung der Sakramente anerkennen.

Ein kurzes Wort noch zum rhetorischen Topos der «kirchlichen» oder «religiösen Lage der Gegenwart». Diese Redewendung war schon vor 150 Jahren in zeitdiagnostischen Texten des Heidelberger liberalprotestantischen Theologen Richard Rothe zu finden. Auch Ernst Troeltsch veröffentlichte an der Wende vom 19. zum 20. Jahrhundert diverse Analysen der «religiösen Lage der Gegenwart» und der «Kirchenkrisis». Paul Tillich und Karl Barth publizierten in den Krisenjahren der Weimarer Republik mehrfach kritische Texte zur Lage von Theologie und evangelischer Kirche, Barth gern in einem entschieden polemischen Ton «unter Außerachtlassung aller professoralen Umständlichkeit, Rücksicht und Vorsicht» und «mit letztem Ingrimm»: «Auf die Gefahr hin allerlei braven Leuten ‹Unrecht zu tun›» – um der Substanz der Kirche willen.

An diese protestantische Tradition theologischer Kritik der «sichtbaren Kirche» suche ich anzuknüpfen. Die evangelische Kirche in Deutschland gerät deshalb am stärksten in den Fokus der Kritik. Aber vieles, was etwa über theologische Sprachlosigkeit, Bildungsferne oder Antipluralismus gesagt wird, gilt – mit anderen historischen und institutionellen Voraussetzungen – auch für die römisch-katholische Kirche im Lande.

Erste Untugend:
Sprachlosigkeit

Protestantische Wortkultur:
Ein Niedergang

Die Reformation als Medienereignis

Martin Luthers Reformation hat nicht nur eine konfessionelle Pluralisierung des europäischen Christentums und die Entstehung eigener
lutherischer und reformierter Konfessionskirchen bewirkt. Sie hat
zugleich eine die Grenzen von Frömmigkeit und Kirche weit über-
schreitende kulturelle Prägekraft entfaltet. Die Theologen des 19. Jahrhunderts haben deshalb gern vom «kulturellen Prinzip des Protestantismus», von «protestantischer Kultur» oder vom «Protestantismus als
Kulturfaktor» gesprochen.

Dieses «Kulturprinzip des Protestantismus» lässt sich zunächst so
beschreiben: Der Protestantismus stellt sich in einer bis dahin unbekannten religiösen Wortkultur dar. In Gottesdienst und kirchlichem
Leben verschieben sich die Schwergewichte von einer sakramen-
tal-mystischen, ritualisierten – in der protestantischen Sprache des
19. Jahrhunderts: «mechanischen» – Frömmigkeitspraxis hin zum
gesprochenen Wort. Dies zeigen nicht nur die Zentralstellung der
Wortverkündigung im sonntäglichen Gottesdienst und die Individualisierung der Kasualpraxis durch eigene, an der Lebensgeschichte des
Einzelnen orientierte Ansprachen. Auch die neue Gebetssprache und
der protestantische Choral sind bestimmt von der Hochschätzung des
gesprochenen (beziehungsweise gesungenen) Wortes. Die Protestan-
tismustheoretiker des 19. und 20. Jahrhunderts haben aber darauf hingewiesen, dass «protestantische Kultur» sich nicht auf diese performa-

tive Wort-Dimension reduzieren lasse. Schon seit den Anfängen der reformatorischen Bewegung sei protestantische Frömmigkeit vielmehr durch eine enge Verknüpfung von Wort- und Schriftkultur geprägt. Den Protestantismus zeichne gerade auch die emphatische Würdigung und immer aufs Neue verteidigte Zentralstellung des geschriebenen wie des gedruckten Wortes aus. Die zahllosen Flugschriften der Reformation und insbesondere Luthers Bibelübersetzung gelten dabei als Ursprungsdatum der nationalen literarischen Kultur in Deutschland.

Solche Beschwörungen eines engen Zusammenhanges von Protestantismus und Nationalkultur empfinden wir heute zu Recht als problematisch. Ein Wahrheitsmoment der alten Rede vom «Protestantismus als Kulturprinzip» ist jedoch festzuhalten. Die Reformatoren hatten ihren theologischen Einsichten überhaupt nur Geltung zu verschaffen vermocht, weil sie sich des damals modernsten Mediums, des neuen Buchdrucks, bedienten. Luthers Auftreten stürzte ganz Deutschland in eine bis dahin unbekannte öffentliche Erregung, weil er nicht nur durch das gesprochene Wort, sondern auch durch Drucke und unzählige Nachdrucke gewirkt hat. Von seiner Disputation mit Johann Eck wurden auf der Frankfurter Messe 1519 in wenigen Tagen 1400 Exemplare verkauft. Die Exemplare der *Auslegung deutsch des Vaterunsers für die einfältigen Laien* sind 1519 «non venditi, sed rapti», nicht verkauft, sondern den Verkäufern aus den Händen gerissen worden. Die hohe Erstauflage der Adelsschrift (*An den christlichen Adel deutscher Nation*) – 4000 Exemplare – war 1520 nach nur fünf Tagen vergriffen. Auch die umfangreiche Bibelübersetzung wurde für damalige Verhältnisse massenhaft verbreitet. Luthers Übersetzung des Neuen Testaments vom September 1522 hatte eine Erstauflage von 5000 Stück, die trotz des relativ hohen Preises von anderthalb Gulden in nur drei Monaten verkauft wurde. Von der Gesamtausgabe der Bibelübersetzung Luthers, deren erste Auflage 1534 erschien, wurden in den zwölf Jahren bis zu seinem Tode mehr als 100 000 Exemplare verbreitet. Vergleichbar hohe Auflagen hatten auch zahllose andere reformatorische Flugschriften und Traktate. Die neuere sozialgeschichtliche Reformationsforschung hat deshalb betont, dass sich die Durchsetzung der Reformation wesentlich durch die Entstehung einer neuen literarischen Öffentlichkeit, durch das enge Bündnis von Druckerpresse und reformatorischer Theologie, vollzog. Blickt man auf die Ursprünge des Protestantismus, ist also festzuhalten: Das eine Wort wird von vornherein in verschiedener Gestalt, durch Wort und Schrift, kommuniziert. Dieser Zusammenhang ist im Luthertum immer präsent geblieben. Beispielsweise veröffentlichte der sächsische Lutheraner Franz Delitzsch 1840 eine Flugschrift *Der Flügel des Engels*, in der er die Erfindung der Druckerpresse als einen Akt göttlicher Vorsehung deutete: Gutenbergs Erfindung sei im ewigen Plane der göttlichen Heilsgeschichte lange vorbereitet gewesen, bestimmt allein zur Verbreitung der reformatorischen Wahrheit.

Protestantische Schriftkultur

So kurios diese fromme Überhöhung protestantischer Schriftkultur heute auch wirken mag – dass es zwischen Wort und Schrift, reformatorischem Glauben und literarischer Kultur in Deutschland enge Zusammenhänge gegeben hat und noch gibt, hat die kulturwissenschaftliche Forschung der letzten Jahrzehnte nachdrücklich betont. Die Alphabetisierung der Bevölkerung hat sich in protestantischen Territorien deutlich schneller als in den römisch-katholischen Gebieten des Reiches vollzogen. Die moderne Autobiographie ist aus der pietistischen Reflexion auf die eigene Sündhaftigkeit und Bekehrungsgeschichte entstanden. Die «sprachbildende Kraft» (Albrecht Schöne) des Protestantismus zeigt sich auch darin, dass die Repräsentanten der klassischen deutschen Literatur sehr häufig aus Pfarrhäusern stammten. Die Germanistik hat in den letzten Jahren darüber hinaus den protestantischen Pfarrer als Schriftsteller entdeckt und gezeigt, dass es im 19. Jahrhundert einen eigenen, sehr weit verbreiteten Typ von Pfarrerliteratur gab. Zahlreiche protestantische Pfarrer veröffentlichten «Erzählungen für das Volk», in denen Grundeinsichten der christlichen Überlieferung in neuer, anschaulicher Gestalt gezielt für die «kleinen

Leute» dargestellt wurden; diese Volkserzählungen erreichten häufig eine zehn- bis zwanzigmal so hohe Auflage wie die «Romane» für das rein bildungsbürgerliche Publikum.

Phänomenen dieser Art eignet eine sehr viel stärkere kulturelle Prägekraft, als gemeinhin bewusst ist. In der Perspektive kirchlicher Amtsträger stellt sich die Gegenwartskultur der Bundesrepublik häufig nur als «säkularistisch» und völlig verweltlicht dar, geprägt durch die Ferne zu Konfession und Glaubenstradition. Kultursoziologisch gesehen spielten überkommene Unterschiede der konfessionellen Kulturen jedoch noch lange eine erstaunliche Rolle. Im Verhältnis zu Wort und Schrift gab es zwischen Protestanten und Katholiken noch bis weit ins 20. Jahrhundert signifikante Unterschiede. Drei Repräsentativumfragen, die 1966, 1978 und 1988 über das Leseverhalten und den Medienkonsum der Bundesbürger veranstaltet worden sind, haben übereinstimmend ergeben, dass Protestanten deutlich mehr lesen als Katholiken. Zur Erklärung hat man früher zumeist auf den deutlich geringeren Bildungsstand der Katholiken hingewiesen, auf jene signifikante Unterrepräsentation von Katholiken in Gymnasien, Universitäten und anderen Institutionen der «höheren Bildung», die unter dem Leitbegriff der «kulturellen Inferiorität des Katholizismus» schon im 19. Jahrhundert viel diskutiert worden ist.

Bereits 1989 hat Ludwig Muth, der frühere Leiter der Buchmarktforschung im Börsenverein des deutschen Buchhandels und Verlagsdirektor im Freiburger Herder Verlag, dem führenden katholischen Verlag der Bundesrepublik, aber darauf hingewiesen, dass dieses Deutungsmuster nur wenig erklärt. Denn auch in allen anderen vergleichbaren sozialen Gruppen griffen die Protestanten deutlich häufiger zum Buch als die Katholiken. Muth bietet dafür nun eine spannende Erklärung an: Weil die Reformation ihr Ideal eines freien Christenmenschen primär im kirchlich nicht behinderten freien Zugang zur Heiligen Schrift konkretisiert, also den mündigen Laienleser zum Ideal des Christen gemacht habe, habe sich die konfessionalistische Reaktion im Katholizismus als Kampf gegen die Medien-Autonomie der Laien vollzogen. Mit Index, Zensur, Autorenmaßregelung, Verlagsreglementierung sowie

dem Druck auf Buchhändler habe die Kirche der Gegenreformation
«ein Instrumentarium zur Leseverhinderung» entwickelt, «das zum
Modell für alle totalitären Regimes» geworden sei. Die fatalen Folgen
dieser kirchlichen Politik seien bis heute spürbar: in den sehr viel größeren Schwierigkeiten der Katholiken, den Glauben nicht nur symbolisch, sondern auch sprachlich, rational zu kommunizieren. Folge-
richtig zielt dann die Therapie darauf ab, Anschluss an die mediale
Vielfalt des Protestantismus, an seine Wort- und Schriftkultur zu gewinnen.

Vom Wort zu den Symbolen

Was sich in einer katholischen Perspektive als Vorzug protestantischer Kultur darstellt, wird im Gegenwartsprotestantismus häufig als
Mangel erlitten. Seit den frühen siebziger Jahren vollziehen sich in
der religiösen Kultur des deutschen Protestantismus vielfältige Veränderungen. Die für den protestantischen Gottesdienst traditionell
kennzeichnende Konzentration auf die Wortverkündigung wird zunehmend abgelöst von neuen Formen symbolischer Interaktion. Die
alte Predigt wird zumeist als allzu intellektuell und abstrakt verwor-
fen, als ein kommunikativer Akt, der bestenfalls den Kopf des Hörers,
aber niemals «den ganzen Menschen» erreichen könne. Die dieser Kri-
sendiagnose entsprechende Therapie besteht dann in der Suche nach
Formen symbolischer Kommunikation, mit denen ein starkes emoti-
ves Beteiligtsein des Einzelnen erreicht werden kann. Die zentralen
Leitbegriffe dieser neuen religiösen Erfahrungskultur sind Ganzheit-
lichkeit, Authentizität und Betroffenheit. «Liturgische Nächte» und
«Feierabendmahl», «Friedensprozessionen» und «Agape-Feiern» sind
Beispiele dafür, wie sehr es der evangelischen Kirche dank einer Vorreiterrolle des Kirchentages hier gelungen ist, vor allem solche Menschen
erfolgreich anzusprechen, die unsere wissenschaftlich-technische, von
ökonomischen Sachzwängen geprägte Kultur als kalt, materialistisch
und sinnleer erfahren.

Dieser bemerkenswerte Erfolg ist jedoch eine zweischneidige Sache. Indem sich in der Darstellung protestantischer Frömmigkeit das Schwergewicht vom Wort zum Mystisch-Sakramentalen verlagert, droht sich auch das überkommene kulturelle Profil des Protestantismus aufzulösen. Dadurch wird das zentrale Kommunikationsproblem der evangelischen Kirche in unserer Gesellschaft noch verstärkt: ihr Bildungsdilemma. Der neue mystisch-religiöse Symbolismus leistet einen gewichtigen Beitrag zur Stabilisierung kleiner Gruppen in der Kirche, die zumeist friedens- und umweltpolitisch hoch sensibilisiert sind und sich intensiv im sogenannten «konziliaren Prozess» engagiert haben. Doch indem er diesen Gruppen dazu dient, ihren inneren Zusammenhalt darzustellen und ihre Homogenität zu verbürgen, schließt er die vielen anderen zugleich aus. Wer nicht zur jeweiligen Kleingruppe gehört, kann das hier symbolisch Kommunizierte ja gar nicht mitvollziehen. Dies bedeutet: Die neue symbolische Kommunikation in der Kirche verbreitert noch die tiefen, im Prozess sozialer Differenzierung entstandenen Gräben zwischen evangelischer Kirche und Gesellschaft. Je mehr das Wort hinter Symbolhandlungen zurücktritt, desto größer wird die «kognitive Dissonanz» zwischen der Welt der Kirche und den Alltagserfahrungen der großen Mehrheit der protestantischen Kirchenmitglieder. Diese stammen nun einmal mehrheitlich aus den bürgerlichen Mittelschichten der deutschen Gesellschaft, sind leistungs- und aufstiegsorientiert und setzen dazu auf Bildung.

Die empirischen Untersuchungen zur Kirchenmitgliedschaft und zur «Stabilität» der Kirche, die die VELKD (Vereinigte Evangelisch-Lutherische Kirche Deutschlands) und die EKD (Evangelische Kirche in Deutschland) in den siebziger und achtziger Jahren des letzten Jahrhunderts durchführten, haben übereinstimmend gezeigt: Zwischen der Selbstdarstellung der evangelischen Kirche und den Erwartungen, die die große Mehrheit ihrer Mitglieder an sie richtet, besteht eine tiefe Kluft. Viele Mitglieder haben durchaus Interesse an ihrer Kirche, leiden aber nicht weniger stark darunter, dass die kirchliche Verkündigung nur noch so wenig verständlich ist. Aussagen und Sprachstil der Predigten seien oft nicht rational einholbar. Gerade in Situationen, in denen man von der Predigt besonders viel erwarte, werde häufig nur noch eine religiöse Formelsprache reproduziert, die zur Deutung und Bewältigung der jeweiligen Lebenssituation nichts beitrage. Selbst Beerdigungsansprachen seien oft unpersönlich, nur noch lieblos und allzu eilig vorbereitet. Kritik dieser Art hat ein spezifisch protestantisches Profil: Die Protestanten klagen hier gegen die Institution Kirche ein, was einst die besondere religiöse Leistungskraft des Protestantismus ausgemacht hat, seine Wortkultur. Der protestantische Charakter dieser Kritik zeigt sich auch im konfessionellen Vergleich. Nicht nur die Protestanten, sondern auch die meisten Katholiken gehen davon aus, dass sich der protestantische Pfarrer (oder die evangelische Pfarrerin) vom römisch-katholischen Priester durch eine deutlich höhere kommunikative Kompetenz, durch eine bessere rhetorische Ausbildung und eine größere Fähigkeit zur rationalen, intellektuell nachvollziehbaren Glaubensdarstellung auszeichnen müsse. Desto größer ist dann die Enttäuschung, wenn der Pfarrer nicht mehr mit dem Kopf, sondern aus dem Bauch predigt und die Beschwörung individueller Erfahrungen an die Stelle von intersubjektiv nachvollziehbaren Argumenten tritt. Natürlich ist es unzulässig und unfair, von einzelnen Erfahrungen auf einen generellen Verfall der protestantischen Predigtkultur zu schließen. Nicht wenige Pfarrerinnen und Pfarrer suchen sich trotz der starken Belastung durch andere Aufgaben, nicht zuletzt auch Verwaltungstätigkeiten, Freiräume zur theologischen Weiterbildung und zur genauen Vorbereitung ihrer öffentlichen Reden zu bewahren. Auch kennt der deutsche Protestantismus noch immer sprachmächtige Prediger, denen es gelingt, die in Vielem sehr fernen biblischen Texte theologisch so zu erschließen, dass sie als lebenswichtig, sinnbringend gehört werden können. Aber zugleich lassen sich vielfältige Tendenzen der Trivialisierung und Infantilisierung der christlichen Freiheitsbotschaft beobachten. Die elementaren Widersprüchlichkeiten endlichen Lebens werden abgeblendet und der religiöse Gehalt des Evangeliums durch moralistische Reduktion verfälscht. Sprach man auf den Kanzeln einst vom allmächtigen Schöpfer Himmels und der Erden, der zugleich Richter und Retter, gnädiger Vater und zorniger Rächer sei, so wird Gott nun primär als allumfassende Liebe bezeugt. Viele protestantische Prediger preisen den einen Gott zunehmend als einen Kuschelgott, an dem wer auch immer sich fröhlich erwärmen kann. War in den Predigten einst die widersprüchliche Vielfalt der Eigenschaften des männlich imaginierten Gottes ein wichtiges Thema, so wird nun ein irgendwie androgyner, jedenfalls nicht mehr nur männlicher Gott in monotoner Einseitigkeit aufs Liebsein festgelegt. Der zeitgeistaffine Gegenwartsgott ist immer nur reine Liebe, Güte, Gnade und Herzenswärme, ein trostreicher Heizkissengott für jede kalte Lebenslage von Mann wie Frau, Jungen und Alten. Gott entbehrt hier des Stachels der Negativität, kann also keine Irritationskraft mehr entfalten. Von religiösen Haltungen wie Gottesfurcht oder scheuer Ehrfurcht vor dem Heiligen ist in diesen Predigten nicht mehr die Rede. Von der Ferne und erhabenen Transzendenz des «mächtigen Königs der Ehren» hört man nichts. Auf den meisten Kanzeln der Gegenwart ist der liebe Gott immer nur ganz nah, fortwährend bei uns, mehr noch: in uns, denn er hat sich nun «eingebracht» in unsere Herzen. Deshalb sollen wir uns dann in was auch immer «einbringen» und überhaupt nett zueinander sein, weil doch auch Gott so nett geworden ist. Viel Distanzlosigkeit und Gefühlsduselei lassen sich in protestantischen Kanzelreden inzwischen beobachten. Emotionen, subjektive Befindlichkeiten, das Sich-Wohlfühlen rücken in ihr Zentrum. Das erste Gebot dieses neuen Kults von Einfühlsamkeit und Herzenswärme lautet: Fühle Dich endlich wohl! Gott will das so. So wird das Christentum zu einer Wellness-Religion gemacht, zum schlichten Glauben, sich richtig gut fühlen zu sollen. Dass es um sehr viel mehr und anderes, etwa um Sünde und Erlösung, Entfremdung und Versöhnung, geht, lässt sich nicht mehr wahrnehmen. Dies mag auch mit fundamentalen Wandlungsprozessen im Studium der akademischen Theologie und der Ausbildung des protestantischen Pfarrernachwuchses zu tun haben.

Tumult im Theotop:
Die Krise akademischer Theologie

«Von einem jeden evangelischen Theologen ist zu verlangen, dass er im Bilden einer eigenen Position begriffen sei», hat Schleiermacher in seiner *Kurzen Darstellung des theologischen Studiums* 1811 behauptet. Theologie gilt ihm als eine gleichermaßen kritische wie konstruktive Wissenschaft, die um der Kirche und des Gemeinwesens willen unausweichlich in Universitäten zu betreiben ist. Auch im römisch-katholischen Diskurs setzten sich nach langen internen Kämpfen jene Kräfte durch, die den Pfarrernachwuchs nicht in lehramtlich streng kontrollierten Klerikalseminaren, sondern in staatlichen Universitäten mit wissenschaftlichen Rationalitätsstandards bilden und ausbilden wollten. «Fides quaerens intellectum» lautet Anselm von Canterburys folgenreiche Einsicht, dass der christliche Glaube sich angemessen nur durch methodische Vernunft verstehen kann. Doch was ist, wenn das religiöse Bewusstsein sich für allweise hält und gegen kritische Rationalität immunisiert? Was geschieht mit der akademischen Theologie, wenn die in Universitäten institutionalisierte wissenschaftliche Öffentlichkeit am christlichen Glauben keinerlei konstruktives Interesse mehr hat? Die Lage der akademischen Theologien in Deutschlands Universitäten ist prekär geworden. Im tiefgreifenden Umbau des Wissenschaftssystems – Exzellenzgelder für Leuchtturmprofessoren an international visiblen Eliteuniversitäten und so fort – sehen sich gerade alteuropäische Traditionsfächer neuem Legitimitätszwang ausgesetzt. Wozu noch akademische Theologie, wenn die Kirchen erodieren? Ist Theologie überhaupt eine veritable Wissenschaft? Sollten nicht auch Juden, Muslime und andere Fromme mit eigenen Theologischen Fakultäten im Universitätssystem des weltanschaulich neutralen Verfassungsstaates vertreten sein? In den letzten Jahren haben Theologen zahllose Texte zur Selbstreflexion des Faches publiziert. Man fühlt sich von ganz unterschiedlichen Seiten unter Rechtfertigungsdruck gesetzt.
  Leser von Martin Walsers *Finks Krieg* wissen: Keine staatliche Theo-

logenausbildung ohne hoch differenziertes Staatskirchenrecht. Die Weimarer Reichsverfassung hatte den Bestand Theologischer Fakultäten eigens garantiert. Durch Konkordate und Kirchenverträge ist ihr singulärer Status, als staatliche Einrichtungen zugleich die kirchliche Aufgabe der wissenschaftlichen Bildung zukünftiger Pfarrer und Religionslehrer wahrzunehmen, seit 1945 mehrfach bestätigt worden. Theologieprofessoren haben insoweit ein konfessionsgebundenes Staatsamt inne. Bei Berufungen sind die Kirchen zu hören. Wie weit hier ihr Einfluss gehen darf, ist bei den Rechtsgelehrten umstritten. Bekannt sind im Katholizismus zahlreiche Fälle klerikalen Machtmissbrauchs, etwa wenn der Ortsbischof das allein ihm zustehende Recht auf Erteilung des «Nihil obstat» an Rom abtritt. Auch protestantische Kirchenleitungen agieren gern machtfixiert und maßen sich bisweilen Kompetenzen an, die ihnen de iure nicht zustehen. Wissenschaftsministerien und Universitätsverwaltungen reagieren oft defensiv und fördern so indirekt kirchliche Übergriffe. Für die Theologischen Fakultäten ist dies fatal. Ohne jede institutionalisierte Beteiligung der Fakultäten handeln Staat und Kirchen deren Ressourcen, Stellenprofile und inzwischen gar auch Forschungsschwerpunkte aus. In Forschungsuniversitäten, die zunehmend auf Autonomie und Organisationsfreiheit pochen, geraten die Theologischen Fakultäten dadurch in eine sehr schwierige Sonderstellung, mit allen Problemen einer Außenseiterrolle. Theologische Fakultäten verfügen genau genommen über keinerlei institutionelle Subjektqualitäten mehr, weil es immer andere Akteure, Kirchenfunktionäre und Ministerialbürokratien, sind, die über alle wichtigen Fragen entscheiden. Einzelne prominente Kirchenrechtler spielen dabei eine wenig hilfreiche Rolle. Wer auf Krisenphänomene immer nur rechtspositivistisch, mit Verweis auf das überkommene Staatskirchenrecht reagiert, verweigert gebotene Arbeit an konstruktiver Veränderung, wird also in einer ansonsten insgesamt sehr schnell sich wandelnden Forschungsuniversität zum Gestrigkeitsfossil.

Wer in der Krise ist, braucht externen Rat. In Theologischen Fakultäten lassen sich aber viel Wahrnehmungsresistenz und mangelnde Reformbereitschaft beobachten. Nach den üblichen, durchaus problematischen Kriterien von Drittmittelquote, Verbundforschung und internationaler Sichtbarkeit liegen Deutschlands Hochschultheologen deutlich hinter den Forschungsleistungen anderer Geisteswissenschaften zurück. Der weltweite Ruhm Einzelner – exemplarisch genannt seien Jürgen Moltmann, Hans Küng, Wolfhart Pannenberg, Eberhard Jüngel – kann nicht darüber hinwegtäuschen, dass der geiseterotische Unterhaltungswert der Theologien nicht selten allzu überschaubar ist. Viele Gottesgelehrte haben sich aus dem allgemeinen kulturwissenschaftlichen Diskurs zurückgezogen und in ihrem staatskirchenrechtlich geschützten Theotop behaglich eingerichtet. Zwar ist Religion derzeit ein akademisches Modethema par excellence, mit hoher medialer Aufmerksamkeit. Aber die konfessionellen Theologien profitieren davon nur zu einem geringen Teil. Sie haben in den letzten dreißig Jahren erheblich an religionsanalytischer Deutungskraft eingebüßt. Selbst knallharte Gesellschaftshistoriker aus Bielefeld schreiben inzwischen sehr viel mehr und bessere Dissertationen über die Religionsgeschichten der Moderne als junge Kirchenhistoriker in Theologischen Fakultäten. Hier gibt es einen erheblichen Mangel an gutem wissenschaftlichem Nachwuchs.

Die Zahl der Studierenden hat sich seit Anfang der achtziger Jahre halbiert, auch wenn sie im Moment wieder leicht steigt. Darunter sind durchaus viele faszinierend gebildete, brillante Köpfe. Aber sie schlagen nach exzellenten Examina oder Rigorosa keine akademische Laufbahn ein. Noch weniger gehen sie in die Kirchen. Intelligente Jüngere hoffen in aller Regel auf ein berufliches Umfeld, das Chancen freier Kreativität eröffnet sowie Experimentierlust und Innovationsfreude prämiert. Die Kirchen sind für sie keine attraktiven Arbeitgeber, weil hier über Karrieren weniger nach Kriterien von Kompetenz und Leistung, sondern primär im kirchenpolitischen Stellungskrieg und Klerikalklüngel entschieden wird. Viel *brain drain* junger Theologen und Theologinnen in «die Wirtschaft», etwa in Personalabteilungen global agierender Unternehmen, die Medienindustrie, aber auch in Werbeagenturen, lässt sich beobachten. Den Kirchen bleiben die weniger Denkfleißigen und leider auch nicht wenige ganz Glaubensenge, die mit erschreckender Divinalarroganz auf ihre weniger gewissheitsstolzen Kommilitonen herabblicken. Ganz anders die vielen Seniorenstudierenden, die, jedenfalls in einer Stadt wie München, in sehr großer Zahl nun in theologische Hörsäle drängen. Sie sind oft existentiell Suchende, religionssensibel und überaus fleißig. Aber bin ich theologischer Hochschullehrer geworden, um nun einstigen UN-Botschaftern, Bundesverfassungsrichtern und Großbankern oder Ärztinnen und Lehrerinnen im Ruhestand elementares religionskulturelles Orientierungswissen nahezubringen?

Im Fach wird viel über Stellenabbau geklagt. Hier ist selbstkritischer Realismus angesagt. In den letzten zehn Jahren sind 20 Prozent der theologischen Lehrstühle abgebaut worden. Dies ist deutlich weniger, als in der Expansionsphase der sechziger und siebziger Jahre an neuen Stellen geschaffen wurde. Beim Abbau hat, und dies ist das entscheidende Problem, Strukturkonservatismus dominiert. Die Theologien leiden unter einem verrückten Übergewicht der exegetischen Disziplinen, die sich, angesichts der knappen Bestände an Heiligen Texten, in ein für Außenstehende nur noch absurdes philologisches Spezialistentum verrannt haben. Die historischen Kernfächer bleiben, und alles Innovative, Gegenwartsbezogene, Reflexivitätsförderliche wird dichtgemacht. Kein einziger Lehrstuhl für theologische Ideen- oder Diskursgeschichte im ganzen Land, nur wenig Deutungskompetenz für die außereuropäischen Christentümer, aber viel ökumenische Ideologieproduktion. Indem gerade das eher Exotische, Nichtkonventionelle abgebaut wurde, haben die Theologischen Fakultäten dramatisch an Interpretationsmacht für gelebte Gegenwartsreligion eingebüßt. Nur selten wird akademisch zivil über die tiefen Dissense gestritten, die in Hinblick auf das Selbstverständnis der Disziplin erkennbar sind.

Bedroht werden die Fakultäten durch eine doppelte Tendenz. Einerseits lassen sich in beiden großen Kirchen viel Antiintellektualismus und Wissenschaftsfeindschaft beobachten. Selbstbewusste Gelehrte schätzt man ebenso wenig wie kritische Glaubensintellektuelle. Relevante Kräfte in den Kirchen geben sogenannter Spiritualität den Vorrang vor gebildeter Reflexionskraft und wollen den Pfarrernachwuchs lieber in eigenen Klerikalseminaren oder Kirchlichen Hochschulen ausgebildet sehen. Auf der anderen Seite haben auch manche Universitäten kein Wissenschaftsinteresse an Theologischen Fakultäten mehr. Um der Effizienzphantasmen von Synergiegewinn und Allvernetzung willen lösen sie Theologische Fakultäten in geistes- oder kulturwissenschaftliche Großfachbereiche auf, so jüngst in Hamburg und Erlangen. Die Preisgabe des Fakultätsstatus bedeutet für die wissenschaftliche Theologie einen weiteren Autonomieverlust, weil nun beispielsweise Fachfremde an Berufungsverfahren beteiligt sind. Die wahrlich große Tradition streng wissenschaftlicher Theologie in Deutschland wird sich wohl nur fortführen lassen, wenn es den Theologen verstärkt gelingt, in den Universitäten ihre Deutungskompetenz für Christentum und Religionskultur deutlich zu machen.

Unkulturprotestantismus: Die bayerische Landessekte und ihre «Hochschule»

Als eine Kerndisziplin der Geisteswissenschaften hatte die protestantische Theologie an den Krisen moderner wissenschaftlicher Rationalität teil. Viele protestantische Theologieprofessoren begeisterten sich seit dem 18. Jahrhundert für innovative Denkstile und verstanden ihr Fach um kritischer Aufklärung willen als historische Kulturwissenschaft des Christentums. Kritische Historisierung und die Begründung liberaler Freiheitsrechte und Kulturnormen aus dem Geist des Christentums provozierten heftige Gegenreaktionen konservativer Kirchenführer. Um 1800 hatte sich der deutsche Protestantismus in einen bürgerlich-liberalen Kulturprotestantismus einerseits und konservative Kirchenmilieus andererseits gespalten, die primär von kleinbürgerlichen und agrarischen Sozialgruppen getragen wurden. Traditionalistische Kirchenfunktionäre verwarfen die akademische «moderne

Theologie» als tendenziell unchristlich. Die evangelische Kirche solle ihre zukünftigen Pfarrer nicht mehr an Universitäten studieren lassen, sondern besser in kircheneigenen «Theologischen Schulen» auf eine unbedingte Treue zu Schrift und Bekenntnis festlegen. Nach heftigen Kulturkämpfen zwischen Bildungsprotestanten und glaubenskonservativen Gegnern moderner wissenschaftlicher Rationalität gründeten kirchliche Traditionsvereine seit 1905 «Kirchliche Hochschulen». Gegen eine Universitätstheologie, die die Glaubensüberlieferung durch kritische Reflexion für die humane Gestaltung moderner Kultur aktualisieren wollte und entschieden die Freiheit der Wissenschaft einschließlich der Theologie betonte, wurde hier eine dezidiert antiintellektuelle «kirchliche Bibeltheologie» institutionalisiert. Schon die Gründungsorte «Kirchlicher Hochschulen» spiegeln die Bindung an wissenschaftsferne Lebenswelten: Man suchte die Nähe zu Missionshäusern oder diakonischen Anstalten und inszenierte die Emigration der Kirche aus der Gesellschaft, indem man kleine klerikale Gegenwelten schuf, heimelige Archen, in denen die Schar frommer Reflexionsverweigerer die trüben Fluten des modernen Pluralismus zu überdauern hoffte. Kritische Exegese wurde durch die Andacht zur «Heiligen Schrift» abgelöst. Gegen die offene, religiös plurale Volkskirche setzte man auf ein Kirchenverständnis, das in den Visionen dichter religiöser Vergemeinschaftung Züge von Sekten und Freikirchen gewann.

Der Staat sah die Gründung «Kirchlicher Hochschulen» eher kritisch, hoffte er angesichts der hohen gesellschaftlichen Bedeutung der Religion und des starken öffentlichen Einflusses der Kirchen doch auf eine gebildete Pfarrerschaft, die neben Seelsorge und religiöser Lebensdeutung auch Gemeinsinn und Bürgertugend fördere. Den explosiven Mentalstoff Gottesglaube wollte er durch ein unfanatisches Christentum unter Kontrolle halten, und dazu bedurfte es in den Kirchen einer wissenschaftlich gebildeten, kritischen und reflexionsfähigen Pfarrerschaft. Die evangelischen Kirchenleitungen gingen zunächst vermittelnde Wege. Einige wenige Semester an «Kirchlichen Hochschulen» wurden als Teil des wissenschaftlichen Studiums anerkannt, in den meisten Landeskirchen aber, nach älterem preußischen Recht, die Regel bewahrt, dass man mindestens sechs Semester an einer Universität studiert haben müsse, um ein Erstes Theologisches Examen ablegen zu können – die sogenannte Trienniums-Regel. Erst seit 1980 vermochten sich in einzelnen Landeskirchen Kräfte durchzusetzen, die im verunsichernd schnellen sozial-kulturellen Wandel auf einen neuen protestantischen Klerikalismus setzten und wieder Milieuhomogenität zu erzeugen suchten. Dabei spielten auch starke ökonomische Motive eine Rolle, wollte man doch von den staatlichen Transferleistungen an die Kirchen profitieren. In der bayerischen Landeskirche gilt inzwischen eine Ausbildung an der kirchlichen (aber zu über 90 Prozent aus öffentlichen Mitteln, also vom Steuerzahler finanzierten) «Augustana-Hochschule» in Neuendettelsau als prinzipiell gleichberechtigt mit einem akademischen Studium an den staatlichen Universitäten in Erlangen und München. Dies hat nicht nur zu einem dramatischen Kompetenzverlust vieler jüngerer Pfarrer und Pfarrerinnen geführt. Die Theologiepolitik, die die Landeskirche forciert, beschädigt vielmehr die an den Universitäten in Erlangen und München gepflegte theologische Wissenschaftskultur. Statt theologischer Reflexionsfähigkeit, intellektueller Redlichkeit und argumentativer Vernunft werden nun sogenannte «spirituelle Kompetenzen» wie Segenshandlungskraft, charismatische Autorität und fromme Einfalt als die wichtigsten Berufstugenden eines evangelischen Pfarrers gepriesen. Mit dieser Abkehr von jener «Liebe zur Wissenschaft», die Melanchthon einst als vornehmste berufliche Tugend des protestantischen Pfarrers pries, zerstört die bayerische Landeskirche ihre Zukunftsfähigkeit. Sie verliert ihre Kommunikationsfähigkeit mit der wissenschaftlichen Kultur. Auch auf Kosten des Steuerzahlers droht sie ihre Selbstverwandlung in eine Landessekte zu betreiben, deren Geistliche statt kluger Wortverkündigung nur noch Stammesidiom zu bieten haben.

Seit Jahren moniert der Bayerische Oberste Rechnungshof, dass es im Freistaat viel zu viele theologische Lehrstühle gebe. Seine Kritik betrifft nicht nur die sechs Katholisch-Theologischen Fakultäten (von denen zwei inzwischen sistiert sind), sondern auch die evangelische Theologie. Im Kern hat der Rechnungshof recht: Es gibt unsinnige

Überkapazitäten. Die Landeskirche hatte die «Augustana-Hochschule» 1947 gegründet, um Engpässe zu beheben. Der Gründungsrektor Georg Merz, in der Weimarer Republik ein entschieden rechtsradikaler und antisemitischer Gegner der parlamentarischen Demokratie, wollte in kleinen Bekenntnisgemeinschaften die zukünftigen Pfarrer gegen den Geist einer liberalen Moderne immunisieren. „Sein Anliegen war es, zukünftigen wie amtierenden Theologen die Möglichkeit zu eröffnen, neben der akademischen universitas litterarum auch die universitas ecclesiae, d.h. die Kirche in ihren Wesensäußerungen von Gottesdienst, Diakonie und Mission, unmittelbar kennenzulernen", heißt es auf der Homepage der Neuendettelsauer „Hochschule".

In der Traumperiode zwischen Kriegsende und noch ferner Gründung der Bundesrepublik hoffte man, mit einer rein kirchlich, jenseits akademischer Reflexion sozialisierten Pfarrerschaft ein neues christliches Gemeinwesen aufzubauen. 1968 entstand auch an der Münchner Ludwig-Maximilians-Universität eine Evangelisch-Theologische Fakultät, die dank einer exzellenten Berufungspolitik des Freistaates schnell zu einer international hoch angesehenen akademischen Institution avancierte. Darin liegt aber auch ein Problem: In der bayerischen Gottesgelehrsamkeitsliga reicht die Spielstärke vom Leistungsniveau der Profis des FC Bayern bis hin zu Freizeitkickern fränkischer Dörfer. Ein Studium bei Professoren, die auf den vorderen Plätzen der akademischen Bundesliga spielen, ist nun einmal intellektuell sehr viel fordernder, arbeitsaufwendiger als eine Ausbildung bei Lehrenden, die die Klerikalliga Süd für die Geisteswelt überhaupt halten. Etwa zwei Drittel der bayerischen evangelischen Theologiestudenten legen ihre Zwischenprüfung inzwischen in Neuendettelsau ab. Die Trienniums-Regel fehlt in der Prüfungsordnung der bayerischen Landeskirche. Auch boykottiert die Leitung der «Augustana-Hochschule» aus verständlichem Eigeninteresse alle Versuche, sie über den Fakultätentag der Theologischen Fakultäten verbindlich zu machen. Manche bayerischen Examenskandidaten haben niemals eine Universität länger von innen gesehen; dazu trägt auch das kirchliche Stipendienwesen bei. Hinzu kommt ein autoritärer, entmündigender Sozialpaternalismus in der «Betreuung» bayerischer Theologiestudierender. Die Landeskirche hat mehrere Pfarrstellen zur geistlichen Begleitung von Theologiestudierenden eingerichtet und damit ein erhebliches Misstrauen in die Fähigkeit der Theologiestudierenden zu erkennen gegeben, im Rahmen der gegebenen Studienordnungen selbstbestimmt ihr Studium zu gestalten. Warum müssen nur Theologiestudierende «kirchlich begleitet» werden, nicht aber angehende Juristen, Mediziner, Maschinenbauer oder Literaturwissenschaftlerinnen? Offenkundig will man früh schon Milieunähe fördern und dem Geist kritischer Wissenschaft wehren. Langfristig hat dies aber fatale Folgen: Man erzeugt nur Anpassungsdruck und Konformitätszwang, vertreibt also die Eigensinnigen, Kreativen, Selbstbewussten und entschieden Selbständigen.

In der bayerischen Landeskirche ist niemals über deren Theologiepolitik und auch eine nicht selten katastrophale Personalpolitik ernsthaft gestritten worden. Harmoniesucht und Wissenschaftsfeindschaft tragen dazu ebenso bei wie ein tiefes Misstrauen gegenüber jener Forschungsfreiheit, die das Grundgesetz den Theologen in staatlichen Fakultäten garantiert. Gute Wissenschaft braucht Freiheit und gute Theologie eine institutionalisierte Unabhängigkeit von der Kirche. Dass freie, kritische Theologie der Volkskirche auf lange Sicht mehr dient als ein serviler Klerikalismus, will man in der stark von neulutherischem Konfessionalismus geprägten bayerischen Landeskirche nicht wissen.

Angesichts von Überkapazitäten und kirchlichen Finanznöten hätte es nahe gelegen, die wissenschaftlich wenig bedeutende «Augustana-Hochschule» zu schließen. Die bayerische Landeskirche betreibt jedoch Kirchturmspolitik und stellte ihre «Hochschule» unter geistlichen Biotop-Schutz. Stattdessen wurden erneut Lehrstühle an der Erlanger und der Münchner Universität abgebaut. Diffuser Antiintellektualismus und pfäffische Wissenschaftsfeindschaft verbinden sich in dieser widersinnigen Theologiepolitik mit dem nackten Interesse an klerikaler Macht. Bei Berufungsverfahren hatte die evangelische Landeskirche die rechtswidrige Praxis übernommen, die Bayerns römisch-katholische Bischöfe unter Hans Maier in der Kultusbürokratie

47

durchgesetzt hatten. Die von den Universitäten erstellten Dreierlisten wurden vom Ministerium an die Kirchen weitergegeben, so dass diese nun ein Auswahlrecht reklamierten. Rechtskonform wäre allein eine Einzelanfrage des Ministeriums bei den Kirchen, ob gegen die Berufung von Herrn X oder Frau Y substantielle Bedenken bestünden. Wollten beide Kirchen in ökumenischer Komplizenschaft den permanenten Rechtsbruch zur neuen Normalität der Staatskirchenbeziehungen machen?

Die Landeskirche wandert im finsteren Tale, wenn sie, wie insbesondere in Erlangen nun geschehen, die Fakultäten beschädigt, aber gleichzeitig eine «Hochschule» alimentieren lässt, die nur ein sehr viel dürftigeres Lehrangebot fern von aller akademischen Kultur offerieren kann. Dieselbe Landeskirche, die vom Staat verlangt, dass er an den Theologischen Fakultäten für die Kernfächer der Theologie jeweils zwei Lehrstühle einrichtet und finanziert – nur so könnten die Studierenden die Vielfalt theologischer Erkenntnisproduktion kennenlernen –, hält ihre Kirchliche Hochschule für gleichberechtigt, obwohl es hier jeweils nur einen Lehrstuhl pro Disziplin gibt. Auch lässt sie hier Hausberufungen und viel klerikale Klüngelei und Pfründenwirtschaft zu. «Soweit vertragskirchenrechtlich die Erhaltung staatlicher Theologischer Fakultäten vereinbart wurde, ist der kirchliche Vertragspartner gehindert, den Zweck und die Auslastung dieser Fakultäten durch den Ausbau eines eigenen kirchlichen Hochschulwesens zu unterlaufen», heißt es in der aktuellen Auflage des führenden Fachlexikons *Religion in Geschichte und Gegenwart*. Soll es in einem Religionslexikon der Zukunft einen Artikel «Selbstzerstörung der bayerischen Landeskirche» geben? Die Bildungshorizonte von heute markieren die Kompetenzspielräume von morgen. Eine evangelische Kirche, die in einer komplexen Wissensgesellschaft die gezielte Entakademisierung ihrer zukünftigen Funktionselite betreibt, gibt ihre *corporate identity* preis und wird auf konkurrenzgeprägten boomenden Religionsmärkten nur weitere Marktanteile verlieren. Auch Sinnunternehmen müssen Managementfehler vermeiden.

Zweite Untugend:
Bildungsferne

«Die Liebe zur Wissenschaft und die Pflicht meines Amtes spornen mich an, von der Neubelebung der Studien und der Neugeburt der Musen zu reden, für die Euch alle zu gewinnen mir Herzensbedürfnis ist. Ihre Sache möchte ich führen gegen die Barbaren, die sich als Gelehrte brüsten und mit barbarischen Mitteln den Fortschritt unterbinden möchten.» Mit diesen Worten begann Philipp Melanchthon 1518 seine Lehrtätigkeit als Professor für griechische Sprache an der Universität Wittenberg. Der erst 21 Jahre junge humanistische Professor forderte eine tiefgreifende Reform der Wissenschaften und wollte neuen, kritischen Fächern wie Geschichtswissenschaft, Poetik und Naturwissenschaft Eingang ins akademische Studium verschaffen. Mit seinem Ruf «zurück zu den Quellen» fand er ebensoviel Resonanz wie mit seinen rastlosen Aktivitäten zur Erneuerung von Schule und Universität. Der hochgebildete, sensible Intellektuelle war neben Martin Luther der wichtigste Vertreter der Wittenberger Reformation. Mit faszinierenden theologischen Argumenten begründete Melanchthon die Einheit von Glaube und Bildung, Religion und Humanität. Seine Argumentation lässt sich in knappen Worten zusammenfassen: Durch Christi Menschwerdung und die Sendung seines Geistes habe Gott uns arme Sünder zu Menschen verwandeln wollen, die sich tatfreudig in den Dienst des Nächsten stellen und die Wohlfahrt des Gemeinwesens fördern. Erfolgreiche Verbesserung der weltlichen Dinge setze aber Wissen über die Welt sowie technische und politische Handlungskompetenz voraus. Für den Christenglauben sei Bildung deshalb unverzichtbar. Ungebildete Pfarrer und Religionslehrer waren Melanchthon ein Gräuel. Einen großen Teil seiner Zeit widmete er der Hebung des Bildungsstan-

dards der Pfarrer und der Förderung und Gründung von Bildungsein-
richtungen für die protestantischen Christen. So wurde Melanchthon
zum wichtigsten Wegbereiter einer protestantischen Bildungskultur,
die das Schulwesen und die Universitäten in Deutschland bis in das
20. Jahrhundert hinein geprägt hat. Die Erinnerung an Melanchthons
Humanitätschristentum lässt aber auch erkennen, wie sehr sich das
Profil der deutschen evangelischen Kirche in Bildungsfragen seitdem
verändert hat. Eine Sozialgestalt des Christentums, die ursprünglich
durch die innere Einheit von Glaube und Bildung bestimmt war,
ist heute weithin durch ein elementares Bildungsdilemma geprägt.
Dies soll in zwei Schritten erläutert werden: einem knappen historischen Rückblick auf die Geschichte der Pfarrerschaft im 19. und frühen 20. Jahrhundert sowie in einer Skizze von Wandlungstendenzen
protestantischer Religionskultur seit den sechziger Jahren des letzten
Jahrhunderts.

Pfarrer in der Moderne:
Funktionselite oder Subkultur?

Wie in anderen Großorganisationen, in den Parteien, Verbänden und
Wirtschaftsunternehmen, spielen auch in den Kirchen Funktioneli-
ten eine wichtige Rolle. In der evangelischen Kirche sind dies traditionell die Pfarrer und seit der Mitte des 20. Jahrhunderts auch die Pfarrerinnen. In seiner *Kurzen Darstellung des theologischen Studiums* hatte
Friedrich Daniel Ernst Schleiermacher, der einflussreichste protestantische Theologe des 19. Jahrhunderts, 1811 zur «Organisation» der Kirche erklärt: «so beruht nun alle eigentliche Kirchenleitung auf einer
bestimmten Gestaltung des ursprünglichen Gegensatzes zwischen
den Hervorragenden und der Masse». Schleiermacher meinte dies keineswegs massenkritisch, im Sinne einer autoritären Überordnung der
für die Leitung der Ortskirche verantwortlichen Pfarrer und Pfarrerin-

nen über die Gemeinde. Als überzeugter Liberaler und als Anhänger einer presbyterial-synodalen Kirchenverfassung wollte er sowohl die Verantwortung der Pfarrer für die Gesamtheit der ihnen anvertrauten Christen als auch die Autonomie des einzelnen Christen betonen. Mit großem Nachdruck erneuerte er deshalb jenes Leitbild des Pfarrberufes, das seit der Reformation in Deutschland prägend gewesen war: Der Pfarrer sollte die freimachende Wahrheit des Evangeliums als gegenwartsrelevantes religiöses Orientierungswissen auslegen und als gebildeter Vermittler der christlichen Überlieferung die Gemeindeglieder zu individueller, selbständiger Aneignung der Glaubensüberlieferung ermutigen. Als Repräsentanten akademischer Bildung, die «den Leuten» im Alltag zumeist sehr viel näher kommen als die Inhaber anderer akademischer Professionen, etwa die Juristen oder auch die Ärzte, sollten die Pfarrer bei den Mitgliedern ihrer Gemeinde Bildungsprozesse initiieren und insbesondere für die Erziehung und Bildung der Jugendlichen Mitverantwortung übernehmen. Mit seinem Ideal des möglichst allseitig gebildeten professionellen Kommunikators der christlichen Überlieferung trug Schleiermacher erheblich dazu bei, in weiten Kreisen der deutschen protestantischen Pfarrerschaft ein der Durchsetzung der modernen bürgerlichen Gesellschaft entsprechendes Rollenverständnis zu verankern, das, ganz im Sinne von Melanchthons Humanitätschristentum, an der notwendigen Einheit von Glaube und Bildung orientiert war.

Dieses bildungszentrierte Verständnis der Pfarrerrolle wurde insbesondere im sogenannten Kulturprotestantismus tradiert, also in jenen im späten 18. Jahrhundert entstandenen Strömungen im deutschen Protestantismus, die primär von Bildungsbürgern getragen wurden. Der Heidelberger Soziologe M. Rainer Lepsius hat in seinen grundlegenden Analysen des deutschen Bildungsbürgertums diesen Kulturprotestantismus so beschrieben: «Der Kulturprotestantismus ist die Anpassungsform, die das Bildungsbürgertum wählt, um das Spannungsverhältnis zwischen Bildungswissen und Heilswissen zu überbrücken, das individuelle religiöse Gefühl mit dem Anspruch auf Allgemeingültigkeit des Bildungswissens zu verbinden. Gerade hier finden die kulturellen Differenzierungsprozesse, die mit der Ausformung des Bildungsbürgertums verbunden sind, ihren stärksten Ausdruck. Insofern die protestantischen Pfarrer selbst in diesen Konflikt einbezogen werden, Teile der akademischen Theologie sich verwissenschaftlichen, wird das Spannungsverhältnis zwischen Bildungswissen und Heilswissen in die protestantischen Kirchen selbst getragen». Die produktive Bearbeitung dieser Spannung zwischen alter Glaubensüberlieferung und neuen wissenschaftlich formulierten Bildungsidealen sahen viele kulturprotestantische Theologen im 19. und frühen 20. Jahrhundert als eine zentrale Aufgabe an. Sie wollten sich in ihrer Verkündigungspraxis den vielfältigen kognitiven Konflikten stellen, die seit der Aufklärung und den wissenschaftlich-technischen Dauerrevolutionen der Moderne zwischen überkommener Kirchenlehre und «moderner Weltanschauung» entstanden waren. Diese kulturprotestantisch-liberalen Pfarrer suchten individuelle Herzensfrömmigkeit mit kritischer Rationalität und modernen Bildungsgehalten zu einem Ideal selbstbestimmter reflektierter Lebensführung zu verschmelzen. Im sozial-moralischen Postulat der Selbstverwirklichung des freien Menschen durch Bildung, das heißt in der Verpflichtung, sich überliefertes Bildungswissen selbständig anzueignen und in den existentiell immer krisenhaften Prozessen solcher Aneignung zu einer «autonomen Persönlichkeit» zu reifen, sahen sie die entscheidende Konkretion des alten christlichen, speziell auch protestantischen Bußrufes zu Umkehr und innerer Erneuerung. Mit dieser religiösen Begründung und Vertiefung des Persönlichkeitsideals übten sie einen nachhaltigen Einfluss auf große Gruppen des deutschen protestantischen Bildungs- und auch Wirtschaftsbürgertums aus: In den im 18. und 19. Jahrhundert entwickelten Konzepten der autonomen und selbstverantwortlichen gebildeten Persönlichkeit schwangen immer protestantisch religiöse Töne mit.

In Preußen und anderen Landeskirchen gerieten die kulturprotestantisch-liberalen Pfarrer seit den vierziger Jahren des 19. Jahrhunderts zunehmend in eine Minderheitenrolle. Die Mehrheit der Pfarrer begann ein Rollenverständnis zu entwickeln, das durch pietistisch-konservative Traditionen und die entschiedene Entgegensetzung von Kirche und Welt, überliefertem Glauben und moderner Wissenschaftskultur geprägt war. Diese Pfarrer kamen zumeist aus Pfarrhäusern oder aus mittelständischen Milieus. Sie sahen in einer historisch-kritischen Universitätstheologie sowie in liberalen Kulturwerten und modernen Idealen autonomer Lebensführung primär einen Angriff auf das Evangelium und die Kirchenlehre. Der Berliner Sozialhistoriker Oliver Janz hat in einer äußerst materialreichen Untersuchung über die preußische Pfarrerschaft zwischen 1850 und 1914 nachgewiesen, dass die evangelische Kirche, damals eine tragende Säule des monarchischen Obrigkeitsstaates, zunehmend von pietistisch-konservativen Geistlichen dominiert wurde, die die überkommenen engen Verbindungen zu anderen Gruppen des Bürgertums schnell abbrachen. Janz schreibt die Sozialgeschichte von Preußens evangelischen Pfarrern zwischen Märzrevolution und Erstem Weltkrieg deshalb als Verfallsgeschichte fortschreitender Entbürgerlichung. In nur zwei Generationen habe sich eine Kerngruppe der deutschen Bildungsschicht zu einer kleinbürgerlichen Klerikerkaste gewandelt, die im selbstgewählten Kirchenghetto Agrarromantik, spießige Sozialmoral, religiös begründeten Antiintellektualismus und eine diffuse Modernitätsfeindschaft kultivierte.

In den zwanziger und dreißiger Jahren des 19. Jahrhunderts hatte ein Drittel aller preußischen Studenten protestantische Theologie studiert. Auch stellte die evangelische Theologie in der akademischen Welt eine zentrale Kulturwissenschaft dar, die allgemein geltende Normen für Staat und Gesellschaft begründen und insbesondere den angehenden Lehrern und sonstigen Kulturbeamten ethisches Orientierungswissen vermitteln sollte. Noch 1850 predigte jeder vierte deutsche Akademiker von einer evangelischen Kanzel. Protestantische Pfarrer übertrafen damals Rechtsanwälte, Oberlehrer und Professoren an Zahl und kulturellem Einfluss. Über ihre Söhne, die genialisch gestörten Erfolgsprodukte der Pfarrhaussozialisation, wirkten sie erfolgreich in den Kulturbetrieb, die Institutionen der Wissenschaft sowie in den Staatsdienst hinein. Mit der wachsenden Kirchendistanz der neuen bürgerlichen Funktionseliten und der Popularisierung diverser halb- oder nachchristlicher «Ersatzreligionen» gerieten sie in der zweiten Hälfte des 19. Jahrhunderts zunehmend in die Defensive. Prozesse der praktischen Entkirchlichung insbesondere im Wirtschaftsbürgertum sowie in der neuen Arbeiterklasse und ein neuer Kirchlichkeitsstil vieler Bildungsbürger, die sogenannte distanzierte Kirchlichkeit, führten zu einer schrumpfenden Nachfrage nach kirchlichen Dienstleistungen. Das soziale Ansehen der Pfarrerschaft begann zu sinken, und die wachsende Differenzierung der Gesellschaft beziehungsweise die funktionale Verselbständigung gesellschaftlicher Funktionssphären wie Ökonomie, Politik und Kulturbetrieb bewirkte eine relativ schnelle soziale Marginalisierung der Pfarrerschaft. Viele Pfarrer reagierten darauf mit einem Habitus, der die «Emigration der Kirche aus der Gesellschaft» (Joachim Matthes) und die Absonderung der Pfarrer von anderen Gruppen des Bildungsbürgertums noch verstärkte. Sie zogen sich in eine berufsständische Subkultur zurück und beschränkten ihre Sozialkontakte nun weitgehend auf die «Kerngemeinde», also jene Kirchenchristen, die Sonntag für Sonntag unter ihren Kanzeln saßen. Zu den vielen distanzierten Christen verloren sie den Kontakt. Pfarrer blieben nun gern unter sich. Ihre Söhne heirateten Pfarrerstöchter, und deren Kinder suchten ihre Ehepartner wiederum im Pfarrhausmilieu. Schon in der Schul- und Studienzeit bewegte man sich in den eigenen Kreisen. Oliver Janz hat in seiner Studie dafür ein aussagekräftiges Beispiel beschrieben: Ein Viertel der westfälischen Pfarrer legte die Reifeprüfung am Evangelisch-Stiftischen Gymnasium in Gütersloh ab, einer christlich-konservativen Eliteschule, die der Verleger Carl Bertelsmann und andere erweckte Bürger der ostwestfälischen Kleinstadt 1851 zur Bekämpfung des «säkularistischen» Zeitgeistes gegründet hatten. Hier wurden dem westfälischen Pfarrernachwuchs schon auf der Schulbank modernitätskritische Wertorientierungen nahegebracht und pietistisch-konservative Identitätsangebote vermittelt, für die die entschiedene Ablehnung der modernen, «weltlichen» Bildung konstitutiv war. Auch in der akademischen Welt wurde die Abgrenzungsmentalität der Theologen habitualisiert: An den Universitäten separierten sich die Theologen von anderen Studenten, indem sie in eigenen Verbindungen wie dem «Wingolf» Kirchlichkeit, fromme Bildung und ethischen Idealismus kultivierten.

Natürlich gab es in der zweiten Hälfte des 19. Jahrhunderts und zu Beginn des 20. Jahrhunderts weiterhin kulturprotestantisch-liberale Pfarrer, die ihre protestantische Identität durch die immer neu zu gewinnende, durch Bildungsanstrengungen zu erarbeitende Einheit von altem religiösem Orientierungswissen und moderner Wissenschaftskultur definierten. Aber sie wurden in den meisten deutschen Landeskirchen – eine Ausnahme stellte faktisch nur die badische Landeskirche zu Beginn des 20. Jahrhunderts dar – zu einer Minderheit und litten unter der wachsenden Entfremdung zwischen dem sozialkonservativen evangelischen Kirchenmilieu und der Welt des liberalen Bildungsbürgertums. Diese Entfremdung betraf nicht nur einzelne kognitive Gehalte und praktische Kulturnormen, sondern zeigte sich bis in die verhaltensprägenden Muster der alltäglichen Lebensführung hinein. Der Lebensstil der meisten Pfarrer wurde immer kleinbürgerlicher, geprägt durch alte sozialkonservative Werte und ein tiefes Ressentiment gegenüber modernitätsspezifischen Prozessen wie Urbanisierung, Pluralisierung, Beschleunigung der Zeit, Freizeit- und Konsumkultur und Individualisierung der Lebensstile. So wie im späten 16. und 17. Jahrhundert lutherisch-orthodoxe Theologen gegen das Theater gewettert hatten, weil hier immer auch die sinnlichen Begierden des Menschen inszeniert wurden, oder manche Pietisten in ihren asketischen, lustfeindlichen Auffassungen der menschlichen Sexualität das Tanzen zu verbieten versucht hatten, fühlten sich diese kleinbürgerlich sozialisierten Pfarrer aus religiösen Gründen nun angewidert vom modernen Kulturbetrieb, insbesondere vom Kino, und den vielen neuen avantgardistischen Kunstrichtungen. In der zunehmend dichter abgeschotteten Welt des eigenen Kirchenmilieus fand man für diesen tiefen, weil aus dem Zentrum ihres christlichen Glaubens begründeten Ekel an der Moderne fortwährend Bestätigung. Wurde man mit den kulturellen Widersprüchen und sozialen Konflikten der immer schneller sich verändernden modernen bürgerlichen Gesellschaft konfrontiert, erfuhr man sich als anders und die soziale Welt als fremd, fühlte sich irritiert und entwickelte Ängste. Die Ferne der Kirche zur «modernen Arbeitswelt» oder zu den Institutionen der «Marktwirtschaft», die seit den fünfziger und sechziger Jahren des 20. Jahrhunderts dann auch von theologischen Sozialethikern immer wieder beklagt wurde, hat insoweit sehr tiefe sozialstrukturelle Ursachen, die bis ins frühe 19. Jahrhundert zurückweisen. Sie lassen sich, in einer Formel zusammengefasst, als die selbstgewählte, weil religiös begründete Isolierung der prägenden Funktionselite der Kirche, der Pfarrerschaft, gegenüber den dominant bürgerlichen Funktionseliten anderer gesellschaftlicher Institutionen beschreiben: Viele Pfarrer lehnten die alten Ideale einer Einheit von protestantischer Religion und Bildungskultur nun auch deshalb ab, weil sie den sozialen Kontakt zu den Bildungsbürgern verloren hatten und deren kulturelle, am Leitbild der autonomen, gebildeten Persönlichkeit orientierte Normen für unkirchlich und mehr oder weniger unchristlich hielten.

Neumodische Verkündigung:
Von der Predigt zur Symbolhandlung

In den sechziger Jahren des 20. Jahrhunderts begannen die beiden großen Kirchen in der Bundesrepublik damit, sich selbst zu erforschen. Sie untersuchten die Erwartungen ihrer Mitglieder an die Kirche als Organisation oder, in der Sprache der Marktwirtschaft formuliert, die Akzeptanz des Produkts Kirche bei den Kunden. Diese sogenannten Kirchenmitgliedschaftsstudien haben erkennen lassen: Die Kirchenmitglieder nehmen die evangelische Kirche in erster Linie über den Pfarrer wahr. Sie sehen in den Pfarrern und Pfarrerinnen die berufsmäßigen, professionellen Repräsentanten der Institution Kirche. Trotz der skizzierten Prozesse der Selbstghettoisierung der Pfarrerschaft bringen die meisten Kirchenmitglieder den Pfarrern ein hohes Maß an Achtung und Vertrauen entgegen. Selbst jene Menschen, die die Kirchen verlassen, gestehen Pfarrern ein vergleichsweise hohes Sozialprestige zu. Noch immer rangieren die evangelischen Pfarrer in den Werteskalen der angesehensten Berufe sehr weit oben. Laut der Allensbacher Berufsprestige-Skala aus dem Jahr 2008 nennen 78 Prozent der in Deutschland lebenden Menschen den Arztberuf als den Beruf, vor dem sie besondere Achtung haben, und dann an zweiter Stelle, mit 39 Prozent, den Beruf des Pfarrers. Zwar wird in anderen sozialwissenschaftlichen Studien behauptet, dass das Sozialprestige der Pfarrer in den letzten dreißig Jahren kontinuierlich abgenommen habe. Doch werden den Pfarrern durchaus noch Privilegien zugestanden. Dass sie in ihrer Arbeit sehr viel größere Freiräume als andere akademische Berufsgruppen haben, wird von der großen Mehrheit der Kirchenmitglieder akzeptiert und begrüßt. Die meisten Kirchenmitglieder erwarten von den Pfarrern sehr viel: Sie hoffen auf intensive Gespräche bei Amtshandlungen, insbesondere bei Beerdigungen, wünschen sich in elementaren Krisensituationen des Lebens, etwa beim Tode naher Angehöriger oder Freunde, seelsorgerliche Hilfestellung und sind bereit, die Pfarrer in der eigenen Wohnung zu empfangen. Hier wirkt die alte Tradition der Hausbesuche nach. Dies verdient eigene Beachtung, weil es eine gesellschaftliche Sonderrolle der Kirchen erkennen lässt. Die moderne bürgerliche Gesellschaft ist traditionell auch durch strikte, freiheitsdienliche Grenzlinien zwischen «privat» und «öffentlich» gekennzeichnet. Der eigene private Lebensraum wird nach außen geschützt und nur für Verwandte und Freunde oder, in Ausnahmesituationen, für sehr wenige Funktionsträger, etwa für den Hausarzt oder für Handwerker, geöffnet. Beim Pfarrer sehen viele Kirchenmitglieder dies anders. Sie stehen einem Besuch des Pfarrers aufgeschlossen gegenüber und sind an einer «persönlichen Begegnung» interessiert – weil der Pfarrer die evangelische Kirche repräsentiert und der «persönliche» Kontakt zum Pfarrer immer auch als Beziehung zur Kirche wahrgenommen wird. Selbst indem sie den Pfarrer auf dem Wochenmarkt von Ferne grüßen, bekunden viele Kirchenmitglieder ihrer subjektiven Wahrnehmung nach eine residuale Bindung an die kirchliche Institution.

Dem großen Vertrauen, das die Kirchenmitglieder den Pfarrern entgegenbringen, entspricht auf Seiten vieler Pfarrer aber keine angemessene Rollendefinition als Funktionselite der Kirche. Viele Pfarrer und Pfarrerinnen mögen aus theologischen Gründen oder aufgrund ihres individuellen Frömmigkeitsstils die Volkskirche nicht, die sie leiten und öffentlich vertreten sollen. Theologische Modelle der Kirche, in denen die konfessorische (und zumeist auch: sozial-kulturelle) Geschlossenheit und Gesinnungshomogenität einer kleinen Gruppe zum entscheidenden Kriterium wahren Christseins erklärt wurde, haben aufgrund der prägenden Erfahrungen des Kirchenkampfs der NS-Zeit und der politischen Repression der Christen in der DDR in der deutschen evangelischen Pfarrerschaft große Resonanz gefunden. Im Sehnsuchtsbann der prophetischen Bekenntnis- oder Gemeindekirche wird die Volkskirche als eine Organisation erlitten, die aufgrund ihrer unscharfen Ränder und ihres internen Pluralismus weithin nur die Mehrdeutigkeiten und Konflikte der Gesellschaft insgesamt spiegele. Dagegen wird dann der verständliche Wunsch nach mehr Eindeutigkeit und überschaubaren kirchlichen Verhältnissen gesetzt. So ist ein zentrales Motiv der Reformation, die Kritik der kirchlichen Institution, faktisch zu einem wichtigen Element des professionellen Selbstverständnisses vieler evangelischer Pfarrer und Pfarrerinnen geworden. Die Organisation, die sie in ihrem beruflichen Handeln vertreten sollen, lehnen sie innerlich ab. Sie agieren dann als eine Funktionselite, die Funktionalität verweigert. Sie tun nicht oder nur unwillig, was viele Menschen von ihnen erwarten: religiöse Dienstleistungen zu erbringen, die großen Feste des Lebens zu feiern, christliche Tradition als Sinnangebot für Leid und Tod zu vergegenwärtigen und sich den Individuen in den Widersprüchlichkeiten der je besonderen Lebensgeschichten zu öffnen. Bei all dem spielt eine entscheidende Rolle, dass der Pfarrberuf in einer offenen, durch unscharfe Ränder geprägten Volkskirche deutlich anspruchsvoller, schwieriger ist als in einer religiös homogenen Gemeinde, in der Hirte und Schäfchen im selben Frömmigkeitsstil übereinstimmen. Viele protestantische Pfarrer und Pfarrerinnen klagen inzwischen über eine diffus gewordene Berufsrolle. Sie sehen sich durch religiöse Individualisierung, moralischen Pluralismus und auch die neue multireligiöse Lage im Lande mit ganz heterogenen Erwartungen konfrontiert, leiden unter bürokratischen Zwängen und der zumeist wenig effizienten, viel Irrationalität produzierenden Kirchenverwaltung, nehmen den Rückgang an Sozialprestige ihres Berufes als subjektive Kränkung wahr und fühlen sich durch die vielen neuen Aufgaben, die sie neben den klassischen Berufstätigkeiten – Gottesdienst und Predigt, Konfirmandenunterricht, Kasualien, Seelsorge – übernehmen sollen, überfordert. Zwar gibt es nur wenig verlässliche sozialstatistische Daten aus jüngster Zeit. Aber gewiss hat zur Krise des für die Kirche als Institution nun einmal zentralen Berufes beigetragen, dass in den letzten zwanzig Jahren die Pfarrersgehälter in vielen Landeskirchen kontinuierlich abgesenkt worden sind, zumeist um rund 20 Prozent, etwa durch die ersatzlose Streichung von Weihnachtsgeld und bestimmten Funktionszulagen. Ein bundesweiter Stellenmarkt existiert nur sehr eingeschränkt, und bestimmte Landeskirchen, allen voran die von einigen fränkischen Pfarrersdynastien dominierte bayerische, weigern sich mit großer Hartnäckigkeit, Bewerber von außen, aus anderen Landeskirchen zuzulassen: Man gibt lieber dem eigenen mediokren Bewerber eine Stelle als einer sehr viel kompetenteren Theologin, die von außen kommt – obwohl man zugleich die Fiktion pflegt, man sei gemeinsam mit anderen lutherischen Landeskirchen eine Kirche, die eine «Vereinigte Evangelisch-Lutherische Kirche Deutschlands» (VELKD). Doch de facto sind nicht einmal innerhalb der VELKD für Pfarrer und Pfarrerinnen Bewerbungsfreiheit und Mobilität gegeben. Dies führt zu vielfältigen Frustrationen, weil sich, erst recht in einer durch Globalisierung und beschleunigte europäische Integration geprägten Zeit, eigene biographische Wünsche, etwa bei der Partnerwahl, oft nicht in den engen Grenzen eines borniertem landeskirchlichen Provinzialismus verwirklichen lassen.

Viele Indikatoren weisen darauf hin, dass harte Konflikte zwischen Mitgliedern des Kirchenvorstands bzw. Presbytern und Pfarrern in den letzten Jahren deutlich zugenommen haben. Immer wieder klagen Pfarrerinnen und Pfarrer darüber, dass sie zunehmend unter Spannungen zwischen dem öffentlichen Amt in der Gemeinde und ihrem privaten Leben leiden. Zwischen Beruf und Privatem, Arbeitszeit und Freizeit lässt sich hier in der Tat sehr viel schlechter unterscheiden als in anderen akademischen Professionen. Oft wird über Einschränkungen der individuellen Freizügigkeit geklagt. Gerade Pfarrerinnen äußern die kritische Einschätzung, dass Beruf und Familie, speziell Kindererziehung, wegen der vielen Termine nicht zuletzt am Abend nur sehr schwer miteinander vereinbar sind. Die Scheidungsraten bei evangelischen Pfarrerinnen und Pfarrern sind deutlich höher als bei anderen Akademikern, etwa bei Ärzten oder Rechtsanwälten. Viele Pfarrer klagen über Dauerstress und extrem hohen Zeitdruck. Eine Gruppe von berufsständisch engagierten Pfarrerinnen und Pfarrern der bayerischen Landeskirche, die um der «Zukunft eines Schlüsselberufes der Kirche» willen nun substantielle Reformen einklagen, betonen in einem soeben veröffentlichten Reformpapier «Pfarrberuf 2020», dass «die Belastungen für den Pfarrberuf und die stressbedingten Gesundheitsstörungen deutlich zugenommen haben». Aus manchen Landeskirchen werde berichtet, dass inzwischen 20 Prozent der Pfarrerinnen und Pfarrer unter stressbedingten Krankheiten leiden. «Die Unklarheit des Berufsbildes verunsichert gerade Berufsanfängerinnen und Berufsanfänger und führt nicht selten zur Selbstüberforderung.» Nicht wenige suchen sie zu vermeiden, indem sie innerlich von der Volkskirche Abschied nehmen und auf eine kleine Schar der wahrhaft Bekennenden, aufs Gesundschrumpfen setzen.

Zugleich gilt: Kritik an der Wahrnehmung ihres Berufes wird nicht nur von vielen Pfarrern, sondern auch von den Funktionären in den Kirchenbürokratien weithin ignoriert. Sie nehmen Krisenphänomene als ein die Kirchen von außen treffendes Schicksal wahr, für das man «die gesellschaftliche Entwicklung», «die Marktwirtschaft», «die moderne Kultur», «die Medien» oder den bösen modernen, egozentrischen «individualistischen Menschen» verantwortlich macht – also irgendwelche unbestimmten Allgemeinsubjekte, die von der eigenen Mitverantwortung abzulenken erlauben und die gewiss schwierige Auseinandersetzung mit der Frage ersparen, inwieweit die wichtigsten kirchlichen Amtsträger, die Pfarrer oder genauer: bestimmte Pfarrer, für verbreitete Enttäuschungen, Gefühle der Mitglieder, nicht ernst genommen zu werden, und schließlich auch Kirchenaustritte mitverantwortlich sind. Auch wenn sich solche, häufig theologisch begründete Immunisierung gegenüber der Kritik der Kirchenmitglieder organisationssoziologisch – durch die in allen Großorganisationen und Institutionen zu beobachtende Tendenz der Verselbständigung des «Apparats» und der Funktionäre gegenüber der «Basis» – erklären lässt, verdient sie auf dem Hintergrund der protestantischen Überlieferung mit ihrer intellektuell anspruchsvollen Fixierung auf das Wort besondere Beachtung.

In der mangelnden Bereitschaft vieler Pfarrer, als gebildete Funktionselite der Kirche zu handeln, steckt daher für die evangelische Kirche ein großes, für ihre zukünftige gesellschaftliche Prägekraft entscheidendes Problem. Denn in einer komplexen Bildungsgesellschaft hängt die kulturelle Prägekraft einer Organisation entscheidend von der Fähigkeit ihrer Funktionselite ab, auch mit den Eliten anderer Organisationen zu kommunizieren. In einer Gesellschaft, die immer stärker durch Bildung, Leistung und Kompetenz bestimmt wird, steigen auch die Anforderungen an die Pfarrer. Von ihnen wird die Fähigkeit verlangt, sich auf Verschiedenheit einzulassen, Menschen in ihrer Individualität ernst zu nehmen und das Gespräch mit den Funktionseliten anderer Organisationen zu pflegen. In einer Bildungs- und Kulturgesellschaft steigen zudem die reflexiven Anforderungen an die Tradierung des Christlichen. Der Zwang zur Dynamisierung und inneren Modernisierung der eigenen Organisation, der durch die sich beschleunigenden Prozesse kapitalistischer «Globalisierung» auf Wirtschaftsunternehmen und andere Organisationen unserer Gesellschaft ausgeübt wird, betrifft insoweit auch die Kirchen: Durch die Globalisierungsprozesse werden die Anforderungen an die funktionsspezifische Kompetenz und die Bildung von Funktionseliten insbesondere in «der Wirtschaft» und im expandierenden «Dienstleistungssektor» noch einmal verschärft. Immer mehr Organisationen unserer Gesellschaft investieren erhebliche Kraft und Mittel in die Stärkung der organisationsspezifischen Kompetenzen und der Bildung der in ihnen tätigen

Menschen. Viele Unternehmen institutionalisieren eigene (Fort-)Bildungsprogramme und suchen die Fähigkeiten ihrer Mitarbeiter gerade in solchen Themenfeldern zu bilden und zu stärken, für die traditionell die Kirchen zuständig gewesen sind: in der selbstverantwortlichen Wahrnehmung ethischer Fragestellungen (konkret: der Formulierung einer Unternehmensethik), in der Ausbildung moralischer Kompetenzen sowie in der Reflexion auf kulturspezifische Faktoren, die die Art des Umgangs mit anderen Menschen oder die Strategien zur Lösung von Problemen immer schon prägen. Je mehr ein Unternehmen global agiert, desto stärker werden die in ihm tätigen Menschen mit der Besonderheit unserer eigenen Kultur und darin immer auch den tiefen kulturellen Prägekräften der jüdischen und insbesondere christlichen Überlieferung konfrontiert. Diese Erfahrung einer durch Konfrontation mit dem Fremden, Anderen vermittelten neuen Aufmerksamkeit für die Besonderheit der eigenen, westlichen Kultur lässt sich exemplarisch am Ausspruch eines aus Deutschland stammenden, protestantisch sozialisierten Managers in einem großen transnationalen Unternehmen der Computerbranche verdeutlichen: Als «Chef» von Menschen mit höchst unterschiedlicher Herkunft sei ihm erst deutlich geworden, wie sehr er bis in die tiefsten Regungen seiner Seele hinein ein Protestant sei – auch wenn ihm die evangelische Kirche inzwischen zu einer fremden Heimat geworden sei.

Solche Erfahrungen einer tiefen kognitiven Dissonanz zwischen eigener, bildungsdefinierter Lebenswelt und Kirche werden durch einen neumodischen Stil kirchlicher Verkündigung verschärft, der das Religiöse gerade durch den prononcierten Gegensatz zu den alten Traditionen protestantischer Wortkultur zu vermitteln sucht. Es gibt in der evangelischen Kirche derzeit einen Trend zur Infantilisierung des Christlichen, zu einem Stil religiöser Kommunikation, der sich primär an Kinder und andere vermeintlich Unmündige richtet. Die symbolischen Sprachen der Religion dienen hier oftmals dazu, in einer als abstrakt und entfremdend erlittenen Moderne eine als bergende Heimat empfindbare kleine Gegenwelt zu erzeugen. Eine Rhetorik der gezielt dramatisierten Entgegensetzung von Kirche und Welt dient dazu, die kuschelig warme Eigenwelt des Glaubens als eine Alternative zu harter Konkurrenz in einer Leistungsgesellschaft zu preisen. Man knüpft in den Predigten an Beschwörungsformeln und rituelle Praktiken der Esoterikszene an, macht das Evangelium zu einer ganz einfachen, letztlich banalen Allerweltsbotschaft von einem Wohlfühlgott, der immer nur Liebe ist, und verdrängt die problematischen, gefährlichen Elemente in den jüdischen und christlichen Überlieferungen, in denen horribile dictu auch viel von harter göttlicher Gewalt und blutigen Kriegen die Rede ist. Nun sind die Sprachen des Herzens, das Emotionale auf der Kanzel durchaus legitim. Protestantischer Glaube soll nicht nur Denkglaube und Weltfrömmigkeit im alltäglichen Beruf, sondern soll und darf auch Herzensfrömmigkeit sein. Und die religiöse Rede soll auch Trost spenden, auferbauen. Aber dazu muß man den Stachel des Negativen im Leben der Endlichen, Sterblichen ernst nehmen, und davon ist in vielen Predigten nicht mehr die Rede. Statt dessen wird die «Bewahrung der Schöpfung» – eine theologisch nur gedankenlose Formel aus dem politischen Betrieb – beschworen oder die Mülltrennung im Dreitonnensystem zu einem vestigium trinitatis stilisiert. Gustav Seibt, ein religionssensibler Bildungsbürger par excellence, hat dazu jüngst bemerkt: «Den Protestantismus als Religion und Lebensführung gibt es nicht mehr, dafür haben wir die Nachhaltigkeit». Nun wird man einem protestantischen Theologen nicht übelnehmen können, dass er den «Protestantismus als Religion und Lebensführung» bewahren, stärken will. Aber Seibts polemische Bemerkung verweist auf ein Folgeproblem der neuen protestantischen Wellnessreligion: Wer das gedankliche Anspruchsniveau des Christlichen fortwährend absenkt, hat den Leuten bald nichts Relevantes, Lebensdienliches mehr zu sagen.

Für den in der evangelischen Kirche derzeit vorherrschenden Stil religiöser Kommunikation ist die Annahme leitend, dass der gebildete Christ der Vergangenheit angehört. Diese Voraussetzung ist jedoch unzutreffend. In einer Gesellschaft, die einer zunehmend größeren Zahl von Menschen mit hochspezialisierten Wissens- und Bildungskompetenzen bedarf, ist *auch* eine Kommunikation des Christlichen geboten, die zu den vielen Wissenswelten der Moderne eine konstruktive Beziehung herstellt. Wer nur auf Trivialisierung, «Seid nett zueinander!»-Moralismus und Rückzug ins Ghetto der Gleichgesinnten setzt, beschreitet einen Irrweg. Er treibt gerade jene Menschen aus der Kirche hinaus, die die Normenbildung und Wertorientierungen in unserer Gesellschaft besonders stark beeinflussen.

Die Kirchen haben in unserer Gesellschaft hervorragende Arbeitsmöglichkeiten. Ihre Funktionselite scheint, jedenfalls nach der Allensbach-Umfrage, noch immer ein relativ hohes Ansehen zu genießen, die meisten Mitglieder sind zu bemerkenswert großen finanziellen Leistungen bereit, differenzierte Organisationsstrukturen sichern viele Möglichkeiten der Informationsbeschaffung. Eine zweitausendjährige Überlieferungsgeschichte des Evangeliums verschafft den Kirchen eine *corporate identity*, die keine andere Organisation hat. Auf dem umkämpften Markt der Kultur haben sie ihr altes Ritenmonopol, vor allem die Zuständigkeit für Taufen, weitgehend bewahren können. Ihre reiche Musikkultur – von den Weihnachtsoratorien über die großen Messen bis hin zu den Orgelkonzerten – wird selbst von Fernstehenden, religiös Skeptischen geschätzt. Insoweit haben die Kirchen keinen Anlass, larmoyante Krisenrhetorik zu kultivieren. In den verbreiteten Krisenszenarien spiegeln sich weithin nur die Ängste vor einer offenen Gesellschaft, in der die freien Bürger und Bürgerinnen von den Institutionen und Organisationen fordern, sich nach den Interessen und Bedürfnissen der Konsumenten zu richten – und nicht mehr, wie einst, dem Bürger autoritativ vorzuschreiben, was ihm frommt. Man mag, wie viele modernitätsmüde evangelische Pfarrer, die Durchsetzung des freien Marktes für die zentrale Fehlentwicklung der Moderne halten. Wer die von den Reformatoren erneuerte Freiheitsbotschaft des Evangeliums schätzt, kann die Zwänge, die vom Markt auf verknöcherte Organisationen ausgehen, aber auch positiv würdigen. Melanchthon hat in seinen theologischen Analysen des Zusammenhangs von Glaube und Bildung jedenfalls betont, dass der Geist wehe, wie er wolle. Der gelehrte Wittenberger Reformator ging freilich davon aus, dass der Heilige Geist ein Geist der Bildung sei.

Dritte Untugend:
Moralismus

Paternalismus:
Die Kirchen und das Sterben

Im politischen System der Bundesrepublik Deutschland wird den Kirchen viel Moralmacht eingeräumt. Beide großen Kirchen entsenden Vertreter in den Deutschen Ethikrat, sind in allen möglichen Ethik-Gremien präsent und haben in den letzten Jahren erfolgreich darauf Einfluss genommen, wer als Experte in die Enquete-Kommissionen des Deutschen Bundestages berufen wird. Von vielen Deutschen wird dies gewollt. Selbst kirchenferne Bürger gestehen den Kirchen ein ethisches Mandat zu. Sie erhoffen sich von diesen alteuropäischen Traditionsmächten hilfreiches Orientierungswissen in den vielen ethischen Konflikten, die in modernen pluralistischen Gesellschaften durch Rechtsetzung zu pazifizieren sind. Doch im aktuellen politischen Streit um Sterbebegleitung und Patientenverfügungen sind die Kirchen diesen gesellschaftlichen Erwartungen nicht gerecht geworden. Sie haben nicht den Rechtsfrieden gefördert, sondern eigennützig nur moralische Polarisierungen verstärkt. Auch haben sie Unsicherheit verbreitet und nicht wenigen Menschen Angst eingejagt. Klerikale Machtspielereien waren ihnen wichtiger als die Sorgen und Nöte all jener Bürger, die an ihrem Lebensende nicht zum wehrlosen Objekt sinnloser Übertherapie und «Apparatemedizin» werden möchten.

Die innerkirchlichen Debatten über die Reichweite und rechtliche Verbindlichkeit von Patientenverfügungen lassen sich nur in einer ideenhistorischen Perspektive angemessen verstehen. In den letzten

Jahren ist nur ein Streit neu inszeniert worden, der schon im späten 18. Jahrhundert sehr heftig geführt wurde. Denn es geht im Kern um die Frage nach dem Recht des Einzelnen auf freie Selbstbestimmung und deren mögliche Grenzen. Kant hatte den Begriff erstmals 1786 in seiner *Grundlegung zu einer Metaphysik* programmatisch verwendet und zugleich den bis dahin nur im juristischen Diskurs gebräuchlichen Begriff der Autonomie zu einem Grundbegriff philosophischen und speziell auch religionstheoretischen Denkens erhoben. Hunderte von jüngeren protestantischen Theologen nahmen beide Begriffe begeistert auf und deuteten freie Autonomie als religiös legitime Modernisierung der von Luther proklamierten «Freiheit eines Christenmenschen». Auch im katholischen Diskurs setzten einige Moraltheologen nun auf «autonome Moral», also auf Konzepte christlich fundierter Ethik, die den Menschen nicht von einem ewig gültigen göttlichen Sittengesetz her bestimmt sieht, sondern den freien Selbstentwurf des Einzelnen zum Ausgangspunkt ethischer Reflexion erklärt. Denn alteuropäische Vorstellungen von einem übernatürlich geoffenbarten *ius divinum*, Gottesgesetz, oder vom absoluten Naturrecht, das dem positiven Recht des Staates immer schon als einzig normative Rechtsquelle vorgegeben sei, liefen nur auf Fremdbestimmung des Individuums, auf Heteronomie und Entmündigung hinaus. Wer im Menschen ein Ebenbild Gottes sehe und ihn wie die christliche Überlieferung als Person anerkenne, dürfe ihm ein vorstaatliches Grundrecht auf Selbstbestimmung nicht verweigern. Hier wurde Menschenwürde theologisch in Autonomie, als Recht auf Selbstbestimmung konkretisiert.

Die Französische Revolution von 1789 und die Napoleonischen Kriege bewirkten dann schnell eine Fundamentalpolitisierung des theologischen Diskurses. Ein neuer religiöser Konservatismus beschwor starke Autorität oder, wie ein innovativer theologischer Fachbegriff lautete, bindende Theonomie. Im ultramontanen Katholizismus des 19. und frühen 20. Jahrhunderts setzten sich zunehmend neoscholastische Moraltheologien durch, die individuelle Freiheit durch von Gott selbst vorgegebene sittliche Werte stark begrenzten. Das römische Lehramt stützte sich mit faszinierender gedanklicher Konsequenz nun auf ein

Naturrechtsdenken, das alle weltliche Ordnung auf das geoffenbarte, allein «der Kirche» erschlossene Gottesgesetz begründen wollte. Das Zweite Vatikanische Konzil hat diesen Anspruch Roms, ein für alle Menschen verbindliches Ethos zu kennen, bestätigt. Im katholischen Binnendiskurs gilt heiliges Naturrecht nicht als eine Spezialmoral nur für Katholiken oder als milieuspezifische Klerikalmoral, sondern als das allgemein vernünftige Ethos, dessen einzig gültige Auslegung und fallbezogene Konkretion allerdings dem päpstlichen Lehramt vorbehalten ist. Deshalb ist es nur gedanklich konsequent, wenn der Vatikan und auch die Deutsche Bischofskonferenz in allen fundamentalen bioethischen Konflikten der Gegenwart, von Präimplantationsdiagnose oder Stammzellforschung bis hin zur Sterbebegleitung, immer darauf insistieren, die Rechtsetzung des demokratischen Gesetzgebers habe den unwandelbaren Prinzipien des Naturrechts zu folgen. Naturrecht heißt hier konkret: «Die Kirche», also die römisch-katholische Kirche, weiß besser als der parlamentarisch-demokratische Rechtsstaat selbst, was Inhalt seiner Gesetze sein muss. Und deshalb müssen deutsche Bischöfe unter römischem Druck ihm die Zusammenarbeit aufkündigen, wenn er naturrechtlich falschem Recht folgt, etwa wenn in Schwangerschaftskonflikten durch gesetzlich vorgeschriebene Beratung Abtreibung unter bestimmten Bedingungen ermöglicht und damit partiell (oder indirekt) legalisiert wird.

Ganz anders der ethische Diskurs im Protestantismus seit der Aufklärung. Der Münchner Historiker Thomas Nipperdey hat gezeigt, dass gerade der deutsche Protestantismus um 1800 in zwei stark kontrastierende sozialmoralische Milieus auseinandergebrochen ist. In Sachen Ethik lässt sich hier früh schon eine hohe Vielfalt sehr unterschiedlicher Leitbegriffe und Ordnungsentwürfe beobachten. In aller Regel wird der Selbstverantwortung des Individuums ein höherer Stellenwert als im katholischen Denken zuerkannt. Auch kann in den Reflexionsfiguren der sogenannten «Zwei-Reiche-Lehre» prägnanter als im Naturrechtsdenken zwischen den genuinen Aufgaben des Staates und dem göttlichen Mandat der Kirche unterschieden werden. Die Weltlichkeit der politischen Institutionen gewinnt hier eine eigene ethische Dignität, und der Staat hat primär nur die Aufgabe, Recht und Frieden zu sichern. Er wird überfordert, wenn er Sittenstaat werden soll. Viele Ethiker in den Evangelisch-Theologischen Fakultäten des Landes haben in den letzten Jahren deshalb immer wieder die EKD kritisiert, wenn diese sich im ökumenischen Morallobbying autoritäre Naturrechtsargumente der Deutschen Bischofskonferenz zu eigen machte. Gewiss, die Kirchen steigern ihre Einflusschancen in Berlin, wenn sie gemeinsam agieren. Aber man darf bezweifeln, dass der Rat der EKD und diverse Landesbischöfe langfristig klug handeln, wenn sie Positionen vertreten, die zentralen Grundeinsichten reformatorischer Theologie widersprechen und obendrein von einer großen Mehrheit der deutschen Protestanten für falsch gehalten werden.

Beide Kirchen haben in den letzten Jahren immer wieder ihre Ablehnung von sogenannter «aktiver Sterbehilfe» und «assistiertem Suizid» bekräftigt. Oft wurden Begründungsformeln wie «Heiligkeit des Lebens» bemüht oder das Leben als ein «Geschenk» bezeichnet, das der Mensch «aus Gottes Hand empfangen» habe. Doch darf man über Geschenke nicht verfügen? Und warum darf ich mein Leben nicht selbst in Gottes Hand zurückgeben? Im Streit um die rechtliche Reichweite von Patientenverfügungen haben beide Kirchen darauf insistiert, dass der in gesunden Lebenszeiten einst bekundete Wille vielleicht gar nicht dem aktuellen Willen des Kranken entspreche. Man könne eine so weitreichende Entscheidung nicht «im Vorhinein» treffen, kann man in amtlichen katholischen Texten oft lesen. Dieselbe Organisation deutet die Ehe als Sakrament und leitet daraus ihre Unauflöslichkeit ab. Muss ich mich hier nicht selbstbestimmt ein für allemal, für den Rest meines Lebens binden?

Der klerikale Paternalismus folgt nur einer Hermeneutik des Verdachts. Wer macht es sich mit Blick auf Leben und Tod denn «einfach»? Warum sollen für den Erbfall bestimmte Testamente rechtsverbindlicher sein als das «biologische Testament»? Es geht nicht um «die Wünsche einer Patientenverfügung», sondern um die freie Selbstbestimmung von Personen, die von ihrem Schöpfer als frei geschaffen worden sind. Die Deutsche Bischofskonferenz beschwört mit naturrechtlichen Argumenten eine «Heiligkeit des Lebens», die dem Menschen immer schon vorgegeben sei. Dies entspricht römisch-katholischer Überlieferung und ist gedanklich konsequent. Die EKD hingegen kann für ihre widersprüchliche Position kein einziges theologisches Argument aufbieten, das reformatorischer Theologie entspricht. Denn in den existentiellen Grundfragen meines Lebens und Sterbens bin ich unmittelbar zu Gott. Hier hat der Staat mir gar nicht durch Gesetze vorzuschreiben, wie ich mich zu verhalten habe. Und wann und wie ich mein Leben in Gottes Hand zurückgebe, habe ich weder mit Staat noch Kirche, sondern allein mit meinem Schöpfer auszumachen.

Moral ist keine Religion:
Der Fall der Margot Käßmann

Margot Käßmann ist am 24. Februar 2010, einige Tage nachdem sie am Steuer ihres Wagens mit einer beträchtlichen Menge Alkohol im Blut von der Polizei gestoppt worden war, von ihrem Amt als oberste deutsche Protestantin zurückgetreten. Wie nimmt sich der tiefe Fall der Bischöfin vor dem Hintergrund der Kultur des Protestantismus aus?

Um 1800 entwarfen deutsche idealistische Meisterdenker in zahlreichen Essays und gelehrten Traktaten das «Prinzip des Protestantismus». Sie wollten die grundlegenden Unterschiede zwischen Katholizismus und Protestantismus erkunden und das «protestantische Prinzip» als die modernere, freiheitlichere Form des Christentums erweisen.

Die großen christlichen Konfessionen unterschieden sich nicht nur in Dogma und theologischer Lehre. Sie seien fundamental auch durch höchst gegensätzliche ethische Konzepte getrennt. Römisch-katholisches Glaubensleben sei immer auf die Kirche als eine starke, hierarchisch gegliederte Institution bezogen, die entscheidend durch die Grundunterscheidung von Priestern und Laien, sakramental geweihten Klerikern und einfachen Christen geprägt sei. Für die verschiedenen Protestantismen seien demgegenüber die «Freiheit eines Christenmenschen» und das «Priestertum aller Gläubigen» konstitutiv. Die Pfarrer repräsentieren also keinen eigenen geistlichen Stand mit irgendwelchen religiösen Vorrechten, höheren Weihen und besonderen Gnadengaben, sondern sind als Beauftragte der Gemeinde nichts anderes als Diener am Wort, von den Gemeinden ordnungsgemäß berufen zu Verkündigung und Sakramentsverwaltung.

Das Pfarramt wird im protestantischen Diskurs strikt funktional, vom Verkündigungsauftrag her, definiert. Selbst wenn es in einigen lutherischen Kirchen das Amt eines Bischofs gibt, so haben auch die Bischöfe keinerlei eigene geistliche Qualität oder irgendein theologisch begründetes Amts-Charisma. Sie sind nur Pastoren wie jeder andere protestantische Pfarrer auch, allerdings in einem Leitungsamt. Mit der Lehre vom «Priestertum aller Gläubigen» wurde das geistliche Amt entklerikalisiert. Zugleich wurde nun jeder einzelne Christ als eine geistliche Person definiert, unmittelbar zu Gott, zutiefst sündig und zugleich vor Gott gerechtfertigt. Früh schon verband sich damit die Vorstellung, dass jeder evangelische Christ, keineswegs nur der Pfarrer, seinen Gnadenstand durch eine besonders vorbildliche, tugendhafte Lebensführung zu bewähren habe. Die Protestanten kennen keine Heiligen, die man um Schutz und Hilfe anruft. Sie haben jeden Christen zum Heiligen erklärt, der aber immer auch ein notorischer Sünder bleibt. Hier wird das Sakrale verweltlicht und zugleich die Welt sakralisiert. Nicht die Kirche steht im Zentrum protestantischen Denkens, sondern die aktive Durchdringung der Welt mit dem Geist christlicher Freiheit.

Man muss alte protestantische Lehren von der Kirche und ihren Ämtern kennen, um den tiefen Fall der Landesbischöfin Margot Käßmann, der Vorsitzenden des Rates der EKD, verstehen zu können. Margot Käßmann war erst im Oktober 2009 als erste Frau ins wichtigste Amt des deutschen Protestantismus gewählt worden, mit großer Zustimmung weit über die Grenzen des protestantischen Kirchenmilieus hinaus. Ihre steile Karriere aus kleinbürgerlicher Herkunft ins Bischofsamt der Hannoverschen Landeskirche und dann an die Spitze der EKD verdankt sich auch einem großen Talent zur Selbstinszenierung. Die streitbare, machtbewusste Bischöfin verstand es geschickt, sich von allem protestantischen Kirchenmief zu distanzieren.

Frisur, Kleidung und Schmuck zeigten, dass hier eine entschieden moderne Frau agiert, die ihre Rolle, das Bischofsamt, ganz neu und individuell definieren will: immer auf der Höhe der Zeit. Margot Käßmann ist stark geprägt vom Kirchentag, einem protestantischen Massentreffen mit vielen bunten Events. Sie hat Elemente der Pop-Kultur in die evangelische Kirche gebracht und, wie viele andere Stars auch, für sich die freiheitsdienlichen Grenzen zwischen Privatem und Öffentlichem aufgehoben. Als sie an Krebs erkrankte, machte sie dies in der *Bild*-Zeitung öffentlich; und es war dann auch zuerst in Deutschlands führendem Yellow-press-Organ zu lesen, dass die Bischöfin sich von ihrem Mann scheiden lasse.

Diese Medialisierung des Privaten begründete Käßmann damit, dass sie authentisch, wahrhaftig, gesinnungstreu leben wolle. Gern setzte sie auf Emotionalisierung. Sie wurde damit eine Ikone der deutschen Frauenbewegung. Ein sensibles Buch über die schwierigen Erfahrungen des Älterwerdens als Frau erreichte vordere Plätze auf den Bestsellerlisten für Ratgeberliteratur. «Wichtig ist, nicht zu vertrocknen, sondern offen zu sein für das Neue und keimen und aufblühen zu lassen, was blühen will und kann», kann man da lesen. Immer wieder stellte die Bischöfin tiefempfundene Empathie mit den Mühseligen, Beladenen, Ausgegrenzten zur Schau.

Mit alldem gewann sie eine massenmediale Dauerpräsenz. Dies blieb für das hohe Amt, das sie bekleidete, nicht folgenlos. Wer die eigene präreflexive Unmittelbarkeit, die Übereinstimmung mit dem eigenen Ich, öffentlich in Szene setzt, droht den Unterschied von öffentlichem Amt der Wortverkündigung und eigener Person einzuebnen. Bisweilen gewannen Margot Käßmanns Auftritte Züge der Vermarktung einer protestantischen Ich-AG. Dass das Amt noch mehr und anderes als die Person ist, ließ sich dann nicht mehr wahrnehmen. So schlug der Wille, sich der medial verfassten Welt gleichzumachen, in die Selbstfeier charismatischer Subjektivität um.

Friedrich Schleiermacher hatte in seinen *Reden über die Religion an die Gebildeten unter ihren Verächtern* 1799 die Autonomie des Religiösen betont und Religion strikt von Metaphysik und Moral unterschieden. Im deutschen Protestantismus hat er damit schon im 19. Jahrhundert nur wenige Nachfolger gefunden. Gerade bei den religiös Konservativen setzte sich eine Moralisierung christlicher Symbole durch, gespeist aus antimodernistischen Affekten gegen eine als unsittlich und amoralisch empfundene bürgerliche Gesellschaft. Margot Käßmann hat die Traditionen dieses Moralprotestantismus beerbt. Wenn sie sich von der Kanzel herab ins Politische «einmischte», argumentierte sie in Mustern moralisierender Vereinfachung, oft populistisch.

Als sie in ihrer Neujahrspredigt mit gesinnungsethischem Pathos den schnellen Abzug der Bundeswehr aus Afghanistan forderte und pauschal behauptete, «nichts ist gut in Afghanistan», stiess sie eine politische Debatte an, die zur Klärung der Lage hilfreich war. Aber sie leistete hier auch dem fatalen Eindruck Vorschub, als wisse eine Ratsvorsitzende besser als die demokratisch Verantwortlichen, was in Afghanistan zu tun sei. Auch trat sie mit dem Anspruch auf, nur sie repräsentiere den deutschen Protestantismus. Was in den evangelischen Kirchen eine legitime friedensethische Position neben anderen ist, Gesinnungspazifismus, wurde implizit zur einzig gültigen christlichen Haltung erklärt. Darin steckte eine Tendenz zu einem neuen Klerikalismus, der dem reformatorischen Priestertum aller Gläubigen widerstreitet.

Wer zwischen Religion und Moral nicht zu unterscheiden weiß und in der Verkündigung des Evangeliums primär auf moralische Kommunikation setzt, zahlt langfristig einen hohen Preis. Nicht ohne Narzissmus hat Margot Käßmann das Missverständnis gefördert, dass der Pfarrer – doch – ein irgendwie besserer Mensch und Christ sei. Aber er oder sie ist es nicht, trotz allen gegenteiligen Erwartungen der Leute. Auch im Blick auf Moral-Ikonen gilt eben das Bilderverbot: Du sollst dir kein Vorbild machen. Insoweit war es nur konsequent, dass Margot Käßmann weiteren Diskussionen über ihren Lebenswandel aus dem Weg gegangen und von ihren kirchlichen Ämtern zurückgetreten ist.

Mit diesem Rücktritt hat sie noch einmal jenen Anspruch auf gesinnungsstolze Übereinstimmung mit dem eigenen Ich demonstriert, der ihre Amtsführung geprägt hat.

Alle Jahre wieder:
Nur billige Trivialmoral

Schleiermachers Kritik an der moralistischen Verfälschung des Christentums ist noch immer aktuell. Fortwährend banalisieren prominente Kirchenvertreter das Evangelium zur schlichten Sozialmoral. Besonders gut lässt sich dies an den hohen christlichen Festtagen beobachten. Zu Weihnachten predigen Deutschlands Bischöfe in ökumenischer Gemeinsamkeit gern über den Sozialstaat, die Gentechnik, die Öko-Krise und das Asylrecht. Pathetisch kritisieren sie die kapitalistische Globalisierung der Ökonomie und bemitleiden Straßenkinder in der Dritten und Vierten Welt. Da viele Deutsche am Heiligen Abend besonders gern in die Kirchen gehen und die Zahl der Gottesdienstbesucher hier so hoch ist wie an keinem anderen Festtag des Kirchenjahres, neigen manche Prediger gern zum politreligiösen Populismus und setzen auf Kanzelschelte gegen böse Banker. Doch zum religiösen Sinn des Fests fällt ihnen zumeist nicht viel ein. Ihre Weihnachtspredigten gleichen Regierungserklärungen eines allzuständigen Klerikalgouvernements, das eine Kompetenz für globales Krisenmanagement in Anspruch nimmt.

Von Schleiermacher ließe sich dagegen viel über die Selbständigkeit der Religion gegenüber metaphysischen Weltdeutungen und moralischen Normen lernen. Frömmigkeit, so der Berliner Prediger 1799, sei kein Wissen oder Handeln, sondern ein ursprüngliches Gefühl, in dem sich die elementare Abhängigkeit von Gott erschließe. Den christlichen Erlösungsglauben mit Moral gleichzusetzen verfälsche das Evangelium. Es sei kein Programm zur Selbstverbesserung des Menschen und seiner Welt. Vielmehr bezeuge es jene Gnade, die innerlich zerrissene, entfremdete Sünder von Angst und Schuld frei mache.

Im Stall von Bethlehem versammelten sich auch Ochs und Esel. Manche Bischöfe bauen deshalb waghalsige Eselsbrücken. Weil die Weihnachtsgeschichte des Lukas mit der Steuerschätzung des Kaisers Augustus beginnt, wollte einst der badische Landesbischof Klaus Engelhardt eine bessere Steuermoral herbeipredigen. Im Johannesevangelium wird die Geburt des Erlösers als Fleischwerdung des Wortes gedeutet. Für den Kölner Kardinal Joachim Meisner steht Gottes Wort deshalb «gegen alle Verabsolutierung des Fleisches in einem ungehemmten Sexualismus, Konsumismus und Materialismus». Und der rheinische Präses Manfred Kock bejammerte als EKD-Ratsvorsitzender vor Jahren die «Gnadenlosigkeit» von Massenarbeitslosigkeit und neuer Armut. Linke Protestanten stimmen mit rechten Katholiken im kulturkritischen Lamento über eine kapitalistische Konkurrenzökonomie überein, die harte Leistungen fordere und den Menschen zum Kostenfaktor reduziere. Das ist nur hohle Appellsprache. Auch die Kirchen sanieren ihre Haushalte durch Stellenstreichungen oder, schlimmer noch, durch das Absenken der Einstiegsgehälter von Vikaren und jungen Pfarrern und Pfarrerinnen.

Unbarmherzig erzeugen die Bischöfe zu Weihnachten ethischen Hochleistungsdruck. Gnadenlos klagen sie Ideale eines besseren Menschen ein, an denen der Einzelne nur zugrunde gehen kann. Sie kritisieren die Ausbeutung der Ressourcen unserer natürlichen Umwelt und betreiben aus vordergründigen Interessen einen Raubbau an den so reichen Bildsprachen der Heiligen Schrift.

Die Feste des Kirchenjahres sind «heilsame Unterbrechungen» (Eberhard Jüngel) des Alltags. Die Bischöfe aber konfrontieren die Gottesdienstbesucher nur mit platten Alltagsweisheiten. Weniger egoistisch solle der Mensch sein, friedfertiger und gütiger. Dies kann man auch in der *ZEIT* lesen und im Bundestag hören. Theologen sollten demgegenüber von jenem Realismus künden, der einst als Lehre von der Erbsünde formuliert wurde. Das Christentum ist keine Religion der Selbstverbesserung, sondern erschließt die Einsicht, dass jeder Mensch immer auch von Grund auf böse ist. Auch der neue, gute Weihnachtsmensch ist nur der alte Adam.

Immerhin darf man in der Heiligen Nacht die alten Kirchenlieder singen. Sie bezeugen die christliche Revolution des Gottesbildes. Der allmächtige Schöpfer des Himmels und der Erden, in der antiken Religion das Herrschersubjekt par excellence, «entäußert sich all seiner Gewalt und wird niedrig und gering». «Er wird ein Knecht und ich ein Herr: das mag ein Wechsel sein.» Weihnachten geht es um diesen «fröhlichen Tausch» (Martin Luther), um die Selbstnegation Gottes, die unsere Freiheit stärkt. Wer den «fröhlichen Tausch» auf ein paar Knoten fürs soziale Netz reduziert, betrügt die Menschen um die Weihnachtsbotschaft. Die Krise der Kirchen gründet in der Schwäche ihrer Theologie. Selbst am Heiligen Abend haben viele Theologen weder Kraft noch Mut, über Religion religiös zu reden. Trotz ihrer Appelle, sich endlich zu ändern, wird es im kommenden Jahr nicht anders sein. Alle Jahre wieder nur billige Trivialmoral.

Vierte Untugend: Demokratievergessenheit

Moralagenturen im modernen Verfassungsstaat

In der Bundesrepublik sind die beiden großen christlichen Volkskirchen höchst einflussreiche, mächtige Organisationen. Ihnen gehören circa 60 Prozent der deutschen Bevölkerung an. Die römisch-katholische Kirche zählt 2010 rund 24,9 Millionen Mitglieder, und den evangelischen Landeskirchen gehörten 2008 24,5 Millionen Mitglieder an. Hinzu kommen circa 1,5 Millionen Christen in den verschiedenen orthodoxen Kirchen, von der Griechisch-Orthodoxen und der Serbisch-Orthodoxen Kirche bis hin zur Rumänisch-Orthodoxen und Russisch-Orthodoxen Kirche, die jeweils eigene administrative und seelsorgerliche Strukturen in Deutschland aufgebaut haben. Trotz aller religiösen Pluralisierung, wie sie insbesondere durch die Einwanderung von Menschen aus muslimisch geprägten Gesellschaften befördert wird, sowie der vielfältig sichtbaren Erosion der beiden etablierten Volkskirchen versteht sich die Mehrheit der in der Bundesrepublik lebenden Menschen mehr oder minder engagiert als Christen. Insoweit kann es nicht überraschen, dass den Kirchen und hier vor allem den beiden großen Volkskirchen im politischen System der Bundesrepublik vielfältige Machtchancen eingeräumt werden. Die beiden großen Kirchen sind, soziologisch gesehen, nun einmal die nach Mitgliederzahlen größten gesellschaftlichen Organisationen im Lande. Ihr großer Einfluss wird insbesondere mit Blick auf den deutschen Sozialstaatskorporatismus deutlich: In der Sozialstaatskonstruktion spielen die eng mit den Volkskirchen verknüpften Sozialholdings Diakonisches Werk und Caritas eine bestimmende Rolle. Auch wenn sich beide eine relative Selbständigkeit gegenüber den Kirchenbürokratien bewahrt haben – eine von den Kirchenleitungen zunehmend bedrohte relative Autonomie! –, sind sie dank ihrer vielfältigen engen Verbindungen zu den Kirchen doch als Agenturen zu sehen, mit denen die Kirchen erheblichen gesellschaftlichen Einfluss ausüben. Nach «dem Staat» – Bund, Länder und Kommunen – sind die Kirchen die größten Arbeitgeber in Deutschland. Sie verfügen über ein hoch differenziertes Instrumentarium der politischen Einflussnahme, etwa durch offizielle Vertreter bei der Bundesregierung und dem Bundestag, entsprechende Vertreter in den Ländern, aber auch ein je eigenes Büro in Brüssel. Zwar sehen sehr viele Deutsche die Kirchen überaus kritisch, und die Werte in entsprechenden sozialwissenschaftlichen Umfragen lassen erkennen, dass die ganz alten christlichen Sinnorganisationen selbst bei ihren Mitgliedern deutlich und zum Teil dramatisch an Vertrauen eingebüßt haben. Dafür mögen auch diverse Korruptionsskandale in Diakonie und Caritas, Konflikte um pädophile Priester und eine mangelnde geistliche Qualität bei zentralen Kasualien, etwa bei Beerdigungen, verantwortlich sein. Auch verlieren die Kirchen weiterhin und neuerdings wieder verstärkt an Mitgliedern. Aber unübersehbare Krisenphänomene stehen in Kontrast zu vielfältigen Indikatoren für eine bemerkenswerte Stabilität der Kirchen. Das Interesse an christlichen Schulen nimmt gerade bei den bürgerlichen Mittelschichten sehr stark zu, und bestimmte religiöse Angebote, etwa der Gottesdienst am Heiligen Abend, werden von einer kontinuierlich wachsenden Zahl von Glaubenskonsumenten nachgefragt. Auch ist der Wunsch, dass Neugeborene oder kleine Kinder getauft werden, bei den Kirchenmitgliedern bleibend sehr hoch. Wo im öffentlichen Diskurs mehr «Werte» oder eine «Wiederkehr der Tugend» eingeklagt wird, hofft man zumeist auf eine Revitalisierung der Kirchen als Moralagenturen, die in unübersichtlicher Krisenzeit verbindliche Orientierung vermitteln sollen. Nicht zuletzt diese hohen Erwartungshaltungen machen die Kirchen zu einem relevanten gesellschaftlichen Akteur mit hohen politischen Einflusschancen.

Alte Demokratiefeindschaft

Beide großen Kirchen im Lande haben sich lange sehr schwer damit getan, normative Prinzipien der modernen parlamentarischen Demokratie zu akzeptieren. Fragen der politischen Ethik wurden schon seit der Französischen Revolution in akademischer Theologie und kirchlichen Öffentlichkeiten intensiv und kontrovers diskutiert. Die große Mehrheit der römisch-katholischen Denker legte sich seit dem frühen 19. Jahrhundert auf eine entschieden antirevolutionäre, restaurative Konzeption politischer Ordnung fest, mit prägnanter Ablehnung klassisch liberaler Ordnungsvorstellungen. Neothomistisches Naturrechtsdenken wurde seit den 1860er Jahren dann zu einem dezidiert antiliberalen, als dritter Weg zwischen freier Marktwirtschaft und Sozialismus empfohlenen Ordnungsmodell fortentwickelt, das unter dem Leitbegriff «Katholische Soziallehre» bis in die politischen Debatten der Bundesrepublik hinein starke Prägekraft entfaltete. Mit der Parlamentarisierung der Reichsverfassung im Kaiserreich hatte der effizient organisierte «politische Katholizismus» allmählich politische Ordnungsideen entwickelt, die ihm nach Weltkrieg und Revolution dann die entschiedene Unterstützung der neuen Republik im Rahmen der «Weimarer Koalition» mit Sozialdemokraten und linksliberaler Deutscher Demokratischer Partei (DDP) ermöglichten.

Im deutschen Protestantismus war die Diskussionslage komplizierter. Schon in den harten Auseinandersetzungen um die Legitimität der Französischen Revolution und entschiedener politischer Reform bildeten sich hier konkurrierende, einander heftig bekämpfende Fraktionen, die sich, idealtypisch vereinfacht, als bürgerlich-liberaler Kulturprotestantismus einerseits und sozialkonservativer Moralprotestantismus andererseits bezeichnen lassen. Die innerprotestantischen Kulturkämpfe verbanden sich in der Sphäre der politischen Ethik schon im Vormärz und verstärkt dann im Kaiserreich mit ideenhistorisch spannenden Auseinandersetzungen über das Verhältnis der verschiedenen protestantischen Konfessionskulturen zu modernen liberalen Konzepten von Bürgerfreiheit, Volkssouveränität, Demokratie und Rechtsstaat.

Den reformierten, calvinistischen, westlichen Formen des Protestantismus wurde dabei eine spezifische Nähe zu demokratischer Selbstorganisation, Parlamentarismus und entschiedener Bürgerfreiheit zugeschrieben, wohingegen man die überkommenen Ständeethiken des deutschen wie des skandinavischen Luthertums für sozialpaternalistische Gemeinwohlideale respektive die ideenpolitische Begründung eines starken Sozialstaates verantwortlich machte. In der Tat ließen es die zumeist sehr autoritären Ordnungsethiken im deutschen Luthertum nur eingeschränkt zu, eine vorstaatliche Freiheit des Einzelnen zu denken und die Menschenrechte als normative Grundlage des parlamentarisch-demokratischen Verfassungsstaates anzuerkennen. Im Calvinismus hingegen hatten zentrale Reflexionsmuster der intensiv diskutierten politischen Ethik vergleichsweise früh schon eine hohe Offenheit gegenüber Demokratie, Volkssouveränität und emphatischer Bürgerfreiheit ermöglicht.

Zur Überwindung ihrer alten Demokratiefeindschaft und auch eines entschiedenen Antiliberalismus nahmen viele lutherische Ethiker nach 1945 deshalb politische Ordnungskonzepte des westeuropäischen, calvinistischen Protestantismus auf. Auch im Katholizismus mussten nach dem Ende des Zweiten Weltkrieges und in den Prozessen der Neugründung liberaler Rechtsstaaten überkommene Denkmuster politischer Ethik verabschiedet oder tiefgreifend renoviert werden, um neuen rechtlichen Herausforderungen wie Menschenrechtsindividualismus und der religiös-weltanschaulichen Neutralität des Verfassungsstaates gerecht werden zu können.

Die konfliktreichen, intellektuell äußerst spannenden Wege, auf denen der kirchliche Protestantismus in Deutschland wie auch die römisch-katholische Kirche, repräsentiert durch die Deutsche Bischofskonferenz, seit den späten vierziger Jahren des 20. Jahrhunderts allmählich demokratiekompatible politische Ethiken entwickelten, können hier nicht im Einzelnen nachgezeichnet werden. Denn das diskursive Feld theologischer Ethik war und ist vielfältig zerklüftet, und selbst die

Positionen zentraler theologischer und kirchenpolitischer Akteure sind von den Zeithistorikern noch kaum erforscht worden. Deutlich ist jedoch: Beide großen Kirchen im Lande haben ihre überkommene Demokratiedistanz in harten, schwierigen Lernprozessen seit den fünfziger Jahren zunehmend überwunden, nicht zuletzt dank des entschiedenen Engagements einzelner «Laien» und Universitätstheologen – exemplarisch genannt seien für den katholischen Diskurs nur der Freiburger Staatsrechtslehrer Ernst-Wolfgang Böckenförde, ein sozialdemokratischer Musterschüler des späten Carl Schmitt, von 1983 bis 1996 Bundesverfassungsrichter in Karlsruhe, und für die protestantischen Kontroversen der Münchner Ethiker Trutz Rendtorff, der als Vorsitzender der «Kammer für öffentliche Ordnung» der EKD auf dem Höhepunkt der Nachrüstungsdebatte zunächst die sogenannte Friedensdenkschrift und dann die sogenannte Demokratiedenkschrift entscheidend prägte.

Gerade indem die beiden großen Volkskirchen allmählich demokratiekompatible politische Ethiken entwickelten, konnten sie im politischen System der Bundesrepublik Deutschland zu mächtigen staatstragenden Organisationen werden, die insbesondere die gesellschaftspolitischen Debatten über die Ausgestaltung des Sozialstaatsprinzips tiefgreifend beeinflussten. Die beiden Kirchen haben einen erheblichen Anteil an der demokratischen Erfolgsgeschichte der Bundesrepublik. Auch wer die 1989/90 diskutierte, wohl von Gerhard Rein geprägte Formel von der «protestantischen Revolution» in der DDR ablehnt, wird der evangelischen Kirche als Organisation und vielen einzelnen Gemeindegliedern und Pfarrern eine entscheidende Rolle in der Delegitimierung des SED-Staates und in der Entwicklung oppositioneller Gegenöffentlichkeiten nicht bestreiten können. Wichtige Gruppen im DDR-Protestantismus können gemeinsam mit nicht-kirchlichen Akteuren, die sich im Schutzraum der evangelischen Kirche vergesellschaften und organisieren konnten, in Anspruch nehmen, in der friedlichen Freiheitsrevolution von 1989 höchst mutig eine Vorreiterrolle übernommen zu haben. Und ohne die vielen Pfarrer und Pfarrerinnen, ohne all die dezidiert protestantischen und dann auch katholischen christlichen Bürger, die nach dem Fall der Mauer in den neu gegründeten politischen Parteien und Vereinen der nun offenen, politisch pluralen DDR sich engagierten, wären die dann glücklich kurzen Wege hin zur deutschen Einheit wohl sehr viel steiniger, unbegehbarer gewesen als sie es waren – etwa aufgrund der politischen Klugheit und Tatkraft eines Richard Schröder oder des Freiheitspathos eines Joachim Gauck. Und noch viele andere wären zu nennen. Aber entscheidend ist: Nach der Frankfurter Paulskirche sind Kirchen in Deutschland abermals zu ganz wichtigen, entscheidenden Erinnerungsorten von Freiheitskampf, revolutionärem Mut, Bürgertugend und politischer Geistesgegenwart geworden – die Nikolaikirche in Leipzig etwa oder die Gethsemanekirche in Berlin.

Mehr als sechzig Jahre nach Inkrafttreten des Grundgesetzes scheinen die alten Kontroversen über Christentum, Konfession und Demokratie nur noch für Ideenhistoriker relevant zu sein. Aber dies ist genau besehen nicht der Fall. Noch immer kann beim Thema «Kirchen und Christen im demokratischen Verfassungsstaat» von konfessionskulturellen Differenzen zwischen Protestanten und Katholiken sowie von konfessionspolitischem Streit nicht geschwiegen werden. Zwar darf man die viel beschworene «Ökumene» zwischen den beiden großen Kirchen als einen entscheidenden Faktor für die vergleichsweise hohe Stabilität der alten, Bonner Bundesrepublik würdigen, analog zur Sozialpartnerschaft zwischen den Tarifparteien. Aber trotz aller Ökumene-Rhetorik und gemeinsamer sozialpolitischer Interventionen der beiden großen Kirchen lassen sich in den leitenden Begriffen der politischen Ethik und speziell in den normativen Konzepten der Stellung der Kirche in der Welt, das heißt, dogmatisch theologisch formuliert, in den jeweils leitenden Ekklesiologien oder Kirchentheorien, tiefgreifende Unterschiede beobachten.

Nach den einschlägigen Äußerungen des römischen Lehramtes erwartet «die Kirche» vom katholischen Christen in der politischen Arena, den normativen Vorgaben, Weisungen «der Kirche» zu folgen. Die protestantischen Überlieferungen hingegen kennen kein ethisches Mandat der Kirche, das den einzelnen Christen in seinem politischen Handeln binden könnte, auch wenn einzelne und durchaus prominente Theologen im 19. und 20. Jahrhundert immer wieder versucht haben, der Kirche ein «prophetisches Wächteramt» gegenüber dem Staat und über die Gesellschaft zuzuschreiben, und vom einzelnen Christen verlangten, sich diese autoritäre Zuordnung von Kirche, Gesellschaft und politischen Institutionen christustreu zu eigen zu machen. Weithin durchgesetzt hat sich im Protestantismus jedoch eine Sicht, die dem einzelnen Christen als Bürger ganz selbstverständlich ein Recht auf Selbständigkeit zuerkennt und seine politische Mündigkeit betont. In protestantischer Perspektive handelt der Christ in der parlamentarischen Demokratie aus eigener politischer Einsicht, und er ist hier nicht an normative Vorgaben kirchlicher Institutionen und Instanzen gebunden. Dies schließt es nicht aus, dass sich die Evangelische Kirche in Deutschland regelmäßig zu Grundfragen politischer Ethik äußert und sich durch Denkschriften am öffentlichen Diskurs über zentrale Probleme des Gemeinwesens beteiligt.

Die EKD will mit solchen Stellungnahmen politischen Akteuren und der interessierten Öffentlichkeit ihre protestantische Sicht zu einem umstrittenen Thema oder gesellschaftlichen Problem erläutern. Auch kann sie dem einzelnen Christen im gelingenden Fall Orientierungen vermitteln und seine Bereitschaft zu politischem Engagement stärken. Aber sie kann und darf nicht erwarten, dass sich der einzelne Christ die in kirchlichen Gremien, etwa in den «Kammern» der EKD oder von Synoden, erarbeiteten Argumentationen und Sichtweisen in kritikloser Kirchentreue zu eigen macht. Folgt er ihnen, dann nur kraft eigener theologischer und politischer Einsicht.

Religiöse Akteure im öffentlichen Diskurs

In der parlamentarischen Demokratie sind Christen in ganz unterschiedlichen Rollen und Funktionen politisch engagiert: als Wähler, aktive Mitglieder einer politischen Partei, Mandatsträger oder Mitarbeiter in irgendeiner zivilgesellschaftlichen Aktionsgruppe, von Amnesty International über Greenpeace bis hin zu Animal-Rights-Aktivisten. Zudem engagieren sich viele Christen, vor allem Frauen, ehrenamtlich in ihren Kirchengemeinden oder für die lokalen Sozialstationen von Gemeindediakonie und Caritas. Oft ist ihr Glaube eine starke motivierende Kraft für ein bürgerschaftliches Handeln, das sich am je gegebenen Ort, im Stadtteil oder in der Gemeinde, um Bewältigung konkreter Not bemüht. Dieses im weiten Sinne politische Handeln christlicher Bürger ist zu unterscheiden von der gesellschaftlichen Präsenz und politischen Aktion christlicher Organisationen, allen voran der beiden großen «Amtskirchen» oder wichtiger Verbände, etwa des «Zentralkomitees der deutschen Katholiken». Sie nehmen politischen Einfluss auf vielfältigen Wegen wahr: durch klassische Instrumente des Lobbyismus wie der Beeinflussung von Mandatsträgern, durch Öffentlichkeitsarbeit und publizistische Interventionen ihrer leitenden Vertreter, durch regelmäßige Kontaktgespräche mit der Bundesregierung und den Landesregierungen sowie entsprechende Gespräche mit den Vertretern der politischen Parteien, durch die Mobilisierung der kirchlichen Öffentlichkeit etwa in sogenannten Konsultationsprozessen und nicht zuletzt auch durch die Foren, die der Kirchentag und der Katholikentag den Vertretern der «Amtskirchen» bieten. Die Kirchen sind mit eigenen Vertretern in den Rundfunkräten der öffentlich-rechtlichen Sender und im Deutschen Ethikrat präsent, und die große Mehrheit der Deutschen erwartet, dass Kirchenvertreter und Theologen in klinischen Ethikkomitees und sonstigen Beratungsorganen für moralische Konfliktfälle mitarbeiten. Nach § 19 des Jugendschutzgesetzes können Religionsgemeinschaften, die Körperschaften des öffentlichen Rechts sind, einen Beisitzer in die Bundesprüfstelle für jugendgefährdende Medien entsenden, und nach § 68 des Soldatengesetzes können sie Bedienstete mit Blick auf eine Dienstleistungspflicht bei der Bundeswehr unabkömmlich stellen. Laut einer Erhebung aus den späten sechziger Jahren sind in allen möglichen staatlichen Gesetzen nicht weniger als 44 kirchliche Mitwirkungsrechte kodifiziert worden. Die beiden großen Kirchen nehmen, bisweilen sehr massiv, Einfluss auf die

Besetzung von Enquetekommissionen des Deutschen Bundestags und betreiben in ihren Akademien schon seit den Anfängen der Bundesrepublik sehr intensiv auch politische Bildungsarbeit – zumeist zum Nutzen der parlamentarischen Demokratie. Dabei verfolgen sie, wie jede andere Organisation im pluralistischen Verbändestaat auch, nicht zuletzt organisationsspezifische Interessen: Es geht den kirchlichen Akteuren im politischen Raum immer auch um die Sicherung jenes staatskirchenrechtlich definierten Status quo, der unter den Bedingungen der sogenannten «hinkenden Trennung» von Staat und Kirchen viele Kooperationsmöglichkeiten eröffnet und zugleich den Kirchen staatliche Ressourcen und die Einziehung von Kirchensteuern durch den Staat sichert.

Aber das politische Handeln der Kirchen geht im Kampf für die eigenen Interessen und für die Durchsetzung der eigenen ethischen oder politischen Positionen nicht auf. Man muss ihnen mit großem Nachdruck zugute halten, dass sie oft Themen kommunizieren oder Probleme aufgreifen, die von anderen gesellschaftlichen Akteuren ignoriert werden. Zudem werden die Kirchen im politischen Betrieb immer wieder mit der Erwartung konfrontiert, die sozialmoralischen Fundamente des demokratischen Gemeinwesens durch Stärkung von Bürgertugend, Solidarität und Nächstenliebe zu festigen und christliche Symbole für eine Art Zivilreligion des deutschen Staates zu aktualisieren. Sie werden hier oft als Werteagenturen wahrgenommen, als intermediäre Organisationen speziell fürs Moralische und Ethische. Sie sollen «Ligaturen» (Ralf Dahrendorf) bilden. Aber die Vertreter der Kirchen sind in all dem – dies ist entscheidend – eben nicht die einzigen und gewiss nicht die wichtigsten Christen in der Demokratie. Jeder Staatsbürger, der Mitglied einer Kirche oder sonstigen christlichen Gemeinschaft ist oder sich als Christ am Rande oder außerhalb der Kirche versteht, ist Christ in der Demokratie. Und er tut gut daran, genau dies auch in kritischer Distanz zur kirchlichen Organisation, zur sogenannten «verfassten Kirche» oder «Amtskirche», deutlich zu machen.

Denn in der politischen Kultur der Bundesrepublik lassen sich mancherlei irritierende Phänomene eines neuen Klerikalismus beobachten. Zum politischen Personal der Berliner Republik gehören nicht nur Berufspolitiker aller Couleur, sondern auch eine moralisierende höhere Klerisei, die zu allem und jedem Stellung nimmt beziehungsweise, so ihr Jargon, sich gern «einmischt». Ein medienbewusster Berliner Bischof kommentiert in der *Bild*-Zeitung empört ein Gerichtsurteil, so als ob Richterschelte zu seinen genuinen geistlichen Aufgaben gehörte. Ein – inzwischen nicht mehr amtierender – Augsburger Bischof tritt am «politischen Aschermittwoch» bei einer Parteiveranstaltung auf, um die Abtreibungspraxis in der Bundesrepublik als ebenso verwerflich wie die Ermordung von sechs Millionen Juden zu bezeichnen. Und wo es um die Grundrechte von Homosexuellen geht, etwa im Streit um die eheanaloge Legalisierung gleichgeschlechtlicher Partnerschaften oder das Recht auf Adoption durch gleichgeschlechtliche Paare, zeichnen manche führende Kirchenvertreter ebenso kämpferisch wie diskriminierend Szenarien vom kommenden «Untergang des Abendlandes» durch die «Zerstörung der Familie» ohne jede Rücksicht darauf, dass es innerhalb der Europäischen Union für deren Mitgliedsstaaten eine Rechtspflicht gibt, europäische Antidiskriminierungsnormen in binnenstaatliches Recht zu übertragen. Hier setzen manche deutsche Bischöfe – meiner Wahrnehmung nach: eher wenig klug – gezielt auf Verschärfung, nach dem Vorbild ihrer Amtskollegen etwa in Italien oder in Spanien und auch des Papstes.

Die Liste von mancherlei politisch skandalösen öffentlichen Äußerungen hoher kirchlicher «Würdenträger» ist lang, und dabei geht es keineswegs nur um die üblichen Verdächtigen in der Deutschen Bischofskonferenz – die Herren Müller aus Regensburg, Kardinal Meisner in Köln etc. –, sondern auch um zahlreiche Vertreter des evangelikalen Rechtsprotestantismus und Hunderte von Akteuren aus der zweiten und dritten Reihe. In einer offenen, demokratisch verfassten Gesellschaft hat jeder auch das Recht, die freiheitsgefährdenden Tabus politischer Korrektheit zu durchbrechen. Das Recht auf Meinungsfreiheit gilt auch für Bischöfe, Kirchenfunktionäre und moralisch besonders erregte Fromme religiös ganz linker wie extrem rechter Couleur.

Doch wer im demokratischen Rechtsstaat von der Kanzel herab politisch Partei ergreift, als prominenter Kirchenvertreter den Zustand des Gemeinwesens kritisiert oder demonstrativ sein individuelles moralisches oder politreligiöses Credo verkündet, muss sich seinerseits kritisieren lassen. Ein Bischof hat ja nicht ex officio recht, wenn er in politische Debatten interveniert oder seine Kritik des bösen Zeitgeistes in provokativer Zuspitzung verkündet. Er tut de facto nur, was jeder andere Bürger auch tun darf und sollte: Er nimmt sein Grundrecht auf Meinungsfreiheit wahr, um sich am öffentlichen Streit über gebotene politische Ziele, Wege und Schritte zu beteiligen.

Zur Idee des demokratischen politischen Diskurses passt es nicht, wenn einzelne Akteure, beispielsweise führende Kirchenvertreter, für ihre öffentlichen Sprechakte den Anspruch erheben, man dürfe sie nicht kritisieren. Offenkundig haben einige prominente kirchliche Sprecher noch immer erhebliche Schwierigkeiten damit, die Spielregeln des freien demokratischen Diskurses zu akzeptieren. Ein neuer klerikaler Autoritarismus lässt sich beobachten: Unterzeichnen einige Theologieprofessoren eine eher maßvolle Petition, in der die Aufhebung der Exkommunikation von politisch rechtsradikalen Bischöfen der «traditionalistischen» Pius-Bruderschaft (der an der Humboldt-Universität lehrende Verfassungsrechtler Christoph Möllers hat mit Blick auf diese fundamentalistischen Eiferer vom «Phänomen des Verfassungsfeindes aus christlicher Überzeugung» gesprochen!) kritisiert und das Zweite Vatikanische Konzil als verbindliche Grundlage der Weltkirche beschworen wird, fordert der Regensburger Ortsbischof Gerhard Ludwig Müller öffentlich ein schlicht widerliches Demütigungsritual ein, mit Entschuldigungsbrief an den Papst, Ablegung eines Treueeides und lautem Sprechen des Apostolischen Glaubensbekenntnisses in der bischöflichen Residenz. Ob dieser einstige Ordinarius für Dogmatik und Dogmengeschichte in der Katholisch-Theologischen Fakultät der Ludwig-Maximilians-Universität zu München überhaupt irgendeine Vorstellung von grundgesetzlich geschützter Freiheit der Wissenschaft und auch Autonomie (mindestens: relativer Autonomie) der akademischen Theologie hat? Ich weiß es nicht, gestehe aber meine Ratlosigkeit ob einer Kirchenpolitik gezielter Verschärfung. Könnte nicht im entschiedenen Willen zur pathetischen Polarisierung ein mehr oder minder starkes Moment individueller Eitelkeit stecken?

Nun kann man argumentieren, dass es hier rein um Innerkirchliches gehe und der *Codex Iuris Canonici* nun einmal kein Grundrecht des frommen Einzelnen, eines jeden «Laien» auf Meinungsfreiheit auch in der Kirche und gegenüber den geweihten Klerikern kenne. Begriffe wie Menschenwürde und Menschenrechte sind dem römisch-katholischen Kirchenrecht in der Tat fremd. Anders formuliert: Die diskursive Öffentlichkeit in der Kirche sei per definitionem keine freie Öffentlichkeit im Sinne der modernen bürgerlichen Gesellschaft, und deshalb sei es auch nur konsequent, dass der Vatikanstaat, als einziger europäischer Staat neben Weißrussland, die Europäische Menschenrechtskonvention von 1953 nicht unterzeichnet hat. Auch entspreche es nur der organologischen Ekklesiologie des Zweiten Vatikanischen Konzils und dem konsequent hierarchischen Aufbau der Kirche, dass die «Laien» und ihre Verbände ihre führenden Vertreter, etwa den Präsidenten des Zentralkomitees der Deutschen Katholiken, zwar wählen können, diese ihr Amt aber nur mit expliziter Zustimmung der Bischöfe – gefordert ist hier gar eine Zweidrittelmehrheit – dann tatsächlich auch antreten können.

In der Tat gebieten es die modernitätsspezifische Idee der Autonomie der Religion und die für freiheitliche Gesellschaften konstitutive Idee der strukturellen Differenzierung von Politik und Religion, prägnant zwischen innerkirchlicher Öffentlichkeit und allgemeiner demokratischer Öffentlichkeit zu unterscheiden. Und speziell mit Blick auf die römisch-katholische Kirche ist anzuerkennen, dass es aufgrund der amtstheologischen Grundunterscheidung von Priestern und Laien keine Vorstellung einer prinzipiell gleichen Sachautorität von in der Kirche Sprechenden geben kann; der Bischof spricht ex officio mit ganz anderer Autorität als irgendein Laiengremium, etwa der Diözesanrat. Doch wie sind seine Interventionen in den öffentlichen Diskurs, beispielsweise Stellungnahmen zu biopolitischen Konflikten oder zum Familienrecht, zu beurteilen?

Über die Präsenz religiöser Akteure im Diskurs pluralistischer, «offener» Gesellschaften haben in den letzten Jahren politische Philosophen spannende Debatten geführt. Der große Liberale John Rawls hat Kriterien für legitime Teilnahme am vernünftigen öffentlichen Diskurs entwickelt. Von den miteinander um beste Lösungen ringenden Bürgern sei insbesondere die Bereitschaft zu erwarten, dem jeweils anderen genau zuzuhören, ihm nicht von vornherein unmoralische Absichten zu unterstellen, sich auf strikt rationale Argumente zu besinnen und pragmatische Kompromissbildung zu fördern. Rawls hat deshalb alle «umfassenden religiösen oder philosophischen Lehren» von vornherein aus dem politischen Diskurs einer freien Bürgergesellschaft auszuschließen verlangt. Denn Vertreter solcher Lehren, beispielsweise Repräsentanten der Kirchen, dächten aufgrund ihrer Glaubensprämissen und dogmatischen Bindungen strukturell autoritär und seien aufgrund ihres weltanschaulichen Absolutheitsanspruchs weder zu rationaler Verständigung fähig noch zu pragmatischer Konsenssuche bereit.

Man kann, wenn man Voten mancher deutscher Bischöfe hört und liest, für Rawls' Argumentation Verständnis aufbringen. Doch ist es in der parlamentarischen Demokratie freiheitsdienlich, religiösen Sprechern beziehungsweise Vertretern religiöser Organisationen von vornherein das Recht auf Teilnahme am politischen Grundlagenstreit zu verweigern? Jürgen Habermas hat in Fortschreibung seiner Diskursethik ein deutlich liberaleres Modell entwickelt. Religiöse Akteure haben, so Habermas, im öffentlichen Diskurs einer freien Gesellschaft das Recht, ihre Position geltend zu machen, und von entschieden areligiösen, säkularen Bürgern sei zu erwarten, dass sie den Frommen und ihren Vertretern aufmerksam zuhören.

Allerdings sind religiöse Akteure in einer offenen, pluralistischen Gesellschaft nur zivilgesellschaftliche Akteure neben anderen. Müssen die Säkularen aufmerksam den Frommen zuhören, so haben sich diese umgekehrt an bestimmte Grundbedingungen des öffentlichen demokratischen Diskurses zu halten. Sie müssen etwa Spielregeln der Fairness beachten und ihre Sicht rational, in intersubjektiv verständlichen, von anderen nachvollziehbaren Argumenten, kommunizieren. Auch ist von ihnen Respekt vor dem jeweils anderen und die Bereitschaft zur Kompromisssuche zu erwarten.

Kirchliche Besserwisserei

Viele Stellungnahmen von Vertretern der beiden großen Kirchen im Lande werden diesen elementaren Kriterien des demokratischen Diskurses nicht gerecht. Um nur ein Beispiel zu nennen: In den politischen Konflikten über Sterbebegleitung, Patientenverfügung, selbstbestimmtes Sterben und auch assistierten Suizid, wie sie während der letzten Jahre gerade auch im Deutschen Bundestag intensiv geführt worden sind, hält die Deutsche Bischofskonferenz entschieden am alten, zumeist naturrechtlich begründeten Anspruch der römisch-katholischen Kirche fest, der Rechtsstaat müsse in seiner Gesetzgebung den «der Kirche» erschlossenen Einsichten in die unbedingte «Heiligkeit des Lebens» folgen. Nun wird im Rechtsstaat kein katholischer Bürger daran gehindert, sein Leben ganz streng nach der Morallehre seiner Kirche zu führen. Aber warum sollten Andersdenkende, gottferne Liberale etwa oder freie Protestanten, von Staats wegen dazu gezwungen werden dürfen, ihre Lebensmaximen an römisch-katholischer Spezialmoral auszurichten? Der freiheitlich-demokratische Rechtsstaat darf, um seiner freiheitsdienlichen religiös-weltanschaulichen Neutralität willen, nicht die Sondermoral irgendeiner Weltanschauungsgemeinschaft allgemein verbindlich machen wollen. In den Kirchen lassen sich aber immer wieder Tendenzen beobachten, gute Gründe Andersdenkender zu ignorieren und den Staat auf die eigenen Positionen festzulegen. Man redet von der religiös-weltanschaulichen Neutralität des modernen Verfassungsstaates und unterläuft zugleich diese Neutralität, indem man das Recht an eine metapositive oder vorrechtliche Sittlichkeit – an «Werte» oder das «Sittengesetz» – zurückbindet.

Zur Aufgabe selbstbewusster Christen in der Demokratie sollte es deshalb gehören, die Themen Klerikalmacht und politisches Mandat der Kirchen neu auf die öffentliche Agenda zu setzen. Wen genau vertritt ein katholischer Bischof, wenn er die offenen Gesellschaften des Westens pauschal als «Diktaturen des Relativismus» bezeichnet? Für wen spricht eine protestantische Landesbischöfin, wenn sie im Streit um die Sterbebegleitung mehr Sensibilität für die je eigene lebensgeschichtliche Lage betroffener Individuen einklagt? Der autoritäre, oft auch besserwisserische Habitus, mit dem manche protestantische wie katholische Bischöfe in den öffentlichen politischen Streit intervenieren, passt schlecht zu einem demokratischen Diskurs, der, gemäß der gleichen Freiheit aller Bürger, auf eine gemeinsame offene Suche nach besten Lösungen hinausläuft.

Nun mag man im *forum internum* der Kirchen, in rein kirchlichen Öffentlichkeiten mancherlei episkopale Autoritätseitelkeit ertragen können. Aber im *forum externum* der demokratischen Öffentlichkeit werden Ansprüche auf Deutungsmacht unausweichlich dem argumentativen Härtetest freier Kritik ausgesetzt. Um des demokratischen Gemeinwesens willen tun freie Christen deshalb gut daran, ihre kirchliche «Obrigkeiten» entschieden an die Tugend der Demut und Selbstbegrenzung zu erinnern. Und sie sollten mit aller Entschiedenheit darauf insistieren, dass Kirchenkritik seit spätestens 1517 ein christlich legitimer Ausdruck der «Freiheit eines Christenmenschen» und seit dem ausgehenden 17. Jahrhundert immer auch als ein integrales Element des Kampfs um Bürgerfreiheit verstanden worden ist.

«Deutschlands demokratischer Urzustand ist der Protest vor dem Schloss», hat der Staatsrechtslehrer Christoph Möllers in einem wunderschönen kleinen Buch *Demokratie – Zumutungen und Versprechen* jüngst betont. Man muss hinzufügen: Die demokratische Kultur hat sich, nicht zuletzt wegen der antirevolutionären, restaurativen Zweckbündnisse der beiden alteuropäischen Ordnungsmächte Staat und Kirche, in Deutschland immer auch im bürgerschaftlichen Protest gegen ein Kirchentum entwickelt, dessen führende und, jedenfalls im Protestantismus, sehr gern obrigkeitsnahe Vertreter aus der gepredigten Allmacht Gottes starke Macht und Autorität für sich selbst abzuleiten suchten.

Grundbegriffe der religiösen Sprache und zentrale Glaubenssymbole, etwa die Vorstellung von der Allmacht des ewigen Schöpfergottes, haben den berufenen Vertretern der christlich-religiösen Institutionen stets auch dazu gedient, gegebene politische Ordnung zu sakralisieren und zugleich den Kirchen eine normative Autorität sui generis zuzuschreiben: Wer viel von der Allmacht Gottes spricht, sieht sich leicht als ihr berufener Mandatar und schreibt sich dann gern selbst Elemente von Omnipotenz zu. Christen leisten der Demokratie einen Dienst, wenn sie sich in Sachen «Kirchenpolitik» engagieren und in den Kirchen gegen autoritäre Homogenisierung von oben selbst die Pluralität je individueller Glaubenshaltungen stärken.

In der Tat ist es um die Erinnerungskultur der parlamentarischen Demokratie in Deutschland schlecht bestellt. Möllers nennt ein schlagendes Beispiel: Nirgends wird in der Bundeshauptstadt Berlin an Hugo Preuß, den Schöpfer der Verfassung der Weimarer Republik, erinnert. Aber aus Steuermitteln ist in Berlin-Mitte ein Rosa-Luxemburg-Denkmal errichtet worden, ein Gedenkort für eine radikale Kritikerin der parlamentarischen Demokratie. Solche «demokratische Traditionslosigkeit» lässt sich auch und besonders deutlich in den Erinnerungskulturen der Kirchen und in den akademischen Theologien beobachten. Gern gedenkt man der Märtyrer des Dritten Reiches. Aber man scheut, in universitärer Geschichtsforschung wie in kirchlicher Geschichtspolitik, die Erinnerung an christliche Theoretiker und Wegbereiter der parlamentarischen Demokratie. Man erklärt Dietrich Bonhoeffer zu einem «protestantischen Heiligen», hat aber zu Friedrich Naumann, Martin Rade oder Theodor Heuss nichts Kirchliches zu sagen.

Man kann die in den Kirchen und leider auch in den akademischen Theologien herrschende Demokratievergessenheit gerade mit Blick auf die Weimarer Republik erkennen: Die theologische Aufmerksamkeit gilt primär den Radikalen, Exaltierten, Republikdistanzierten (oder offenen Gegnern der parlamentarischen Demokratie), nicht aber den liberalen Verteidigern der Republik. Christlich-liberale Denktraditionen werden in beiden Kirchen notorisch ignoriert. Und nur selten sind die Funktionäre in den Kirchen zu selbstkritischer Reflexion auf die massiven antidemokratischen Erblasten in den verschiedenen Christentümern bereit. Man redet von Ökumene und schweigt darüber, dass viele orthodoxe Christentümer, religionssoziologisch gesehen, nur Ethno-Religionen sind, in denen die Nation und ihr Territorium sakralisiert werden, nicht aber das Individuum in seiner vorstaatlichen Würde. Dass in manchen Christentümern Menschenrechte des Einzelnen immer noch abgelehnt oder als Ausdruck falscher, antichristlicher Aufklärung bekämpft werden, verschweigt man im ökumenischen Diskurs sich und anderen; man spricht lieber über Amt und Sakrament oder über Gemeinwohl und Sozialstaat.

Gern macht man sich im politischen Tageskampf die normativen Leitbegriffe der Verfassung zu eigen, vor allem den in den deutschen Kirchen inzwischen inflationär benutzten Begriff der Menschenwürde. Nicht selten lässt sich dabei ein imperialistischer Gestus der Begriffsbesetzung beobachten, etwa indem «die Menschenwürde» zu einer genuin oder gar exklusiv christlichen Idee erklärt und damit eine spezielle kirchliche Deutungsmacht reklamiert wird. Der demokratische Staat gehört jedoch, Gott sei Dank, nicht den Kirchen und die Menschenwürde nicht den Theologen. Christen in der Demokratie mögen sich als Bürger besonderer Art sehen. Aber ihr Glaube garantiert es keineswegs, dass sie besonders gute oder immer schon bessere Demokraten als andere sind.

Gleiche Freiheit aller

Moderne liberale Demokratietheorien gehen davon aus, dass am Beginn der Demokratie ein Versprechen wechselseitiger Anerkennung gleicher Freiheit steht. Die parlamentarische Demokratie ist ein – um der Machtbegrenzung und permanenten Herrschaftskontrolle willen institutionell hoch differenzierter – freier politischer Verband von Individuen, die kraft autonomer Entscheidung diese bestimmte politische Form gewählt haben. Für die Demokratie ist die Idee gleicher Freiheit fundamental. Diese Idee bedeutet nicht, dass alle Bürger als Menschen gleich sind, relativiert also nicht Individualität oder vielfältige faktische Unterschiedenheit. Gleiche Freiheit meint vielmehr, dass wir uns wechselseitig als mit einem freien Willen begabte, zu Autonomie befähigte politische Subjekte anerkennen.

Im politischen Diskurs der Moderne seit circa 1780 ist immer wieder über die Frage gestritten worden, inwieweit sich Vorstellungen der gleichen politischen Freiheit der Bürger auch auf genuin christliche Traditionselemente begründen lassen, etwa die jedem einzelnen Menschen von seinem Schöpfer zuerkannte Gottebenbildlichkeit. Die ideenhistorisch äußerst faszinierenden Debatten über mögliche jüdische und christliche Wurzeln demokratischer Ordnungsentwürfe und Freiheitsvorstellungen haben, über das rein Historische hinaus, immer auch das existentielle Interesse christlicher Politiker und Intellektueller gespiegelt, ihr aktives demokratisches Engagement aus dem eigenen Glauben zu begründen: aktive Bürgertugend als primäre Konkretionsgestalt gelebter Frömmigkeit, oder Gottvertrauen als Kraftquell für politischen Mut und tätige Sorge für das Gemeinwesen. Solche Begründungen mögen für den Frommen (oder eine Gruppe von Gläubigen) individuell hilfreich und plausibel sein, können in der Demokratie aber keinerlei Anspruch auf traditionsstiftende Allgemeingültigkeit erheben: Demokratische Bürger pflegen den in der gleichen Freiheit aller gründenden Regelkonsens, teilen aber keine gemeinschaftlichen Vorstellungen über die ideenpolitischen Ursprünge demokratischer Ordnung.

Auch verweisen die Symbolsprachen der Religion und die normativen Grundbegriffe der parlamentarischen Demokratie in ganz unterschiedliche Imaginationsräume und stehen bleibend in Spannung. Die Demokratie geht vom autonomen Bürger aus, der sich mit anderen freien Bürgern in wechselseitiger Anerkennung gleicher Freiheit zur Organisation politischer Herrschaft zweckrational assoziiert. Die Sprachen der Religion aber haben sehr viel zu tun mit Vorstellungen vom guten Leben in der Herzensbindung an Gott, mit Heil und Verderben, Erlösung und Gemeinschaft der Heiligen.

Christen in der Demokratie tun um der Demokratie, aber auch um ihres Glaubens willen gut daran, sich die unaufhebbaren Spannungen zwischen demokratischer Vernunftsprache und religiöser Symbolsprache präsent zu halten. Gern schreiben wir uns im politischen Diskurs der Bundesrepublik die aufgeklärte Fähigkeit zu, zwischen Politik und Religion zu unterscheiden, und nicht wenige Politiker und auch Intellektuelle sprechen anderen, etwa «den Muslimen» oder bestimmten muslimischen Akteuren, diese Differenzierungskompetenz ab. Aber die heilsame Unterscheidung von Religion und Politik ist keine ein für allemal erreichte Leistung aufgeklärter Vernunft, sondern muss im politischen Tageskampf und im schnellen religiösen Wandel immer neu begründet und verteidigt werden.

Auch manche christliche Akteure in der Bundesrepublik pflegen eine religiöse Kampfrhetorik, die es kaum erlaubt, zwischen Religion und Politik oder auch zwischen Recht und Moral prägnant zu unterscheiden. Sowohl im Rechtskatholizismus als auch im evangelikalen Protestantismus wird die parlamentarische Demokratie ob ihres Neutralitätsliberalismus nicht selten als «relativistisch» kritisiert und ein christlicher Werte- oder Sittenstaat beschworen. Selbst der höchste Repräsentant der römisch-katholischen Kirche, Papst Benedikt XVI., hat, als Theologieprofessor Joseph Ratzinger und als Präfekt der römischen Glaubenskongregation, in zahlreichen Texten zur religiösen Lage Europas immer wieder gegen das Mehrheitsprinzip der parlamentarischen Demokratie polemisiert und sein tiefes kulturpessimistisches Leiden an moralischem Pluralismus und «liberalistischem» Individualismus bekundet.

Das Christliche ist religiös vielfältig, in seinen zentralen Symbolen äußerst spannungsreich und auch in ethischer Hinsicht vielgestaltig. In einem viel diskutierten Vortrag über *Politische Ethik und Christentum*, gehalten beim fünfzehnten Evangelisch-sozialen Kongress, hat der Heidelberger Systematische Theologe Ernst Troeltsch, später einer der führenden liberalen Gelehrtenrepublikaner der Weimarer Republik, im Mai 1904 erklärt: «Das Evangelium enthält überhaupt keine direkten politischen und sozialen Weisungen, sondern ist von Grund aus unpolitisch; es ist nur mit den höchsten Zielen des persönlichen Lebens und der persönlichen Gemeinschaft beschäftigt und nimmt die Verwirklichung dieses Ideals in der Erwartung des baldigen Weltendes und des kommenden Gottesreiches mit einer Energie voraus, neben der die Welt und ihre Interessen überhaupt verschwinden.»

Ihr individueller christlicher Glaube kann von Christen deshalb politisch ganz unterschiedlich konkretisiert werden. Glaubensmotive lassen sich mit höchst heterogenen politischen Vorstellungen und Zielen verbinden. Aber der individuelle Glaube markiert zugleich auch eine Grenze zwischen dem Privaten und dem Öffentlichen, die nicht zur Disposition demokratischer Willensbildung steht, auch wenn sie im Einzelnen immer neu bestimmt werden muss.

Vielleicht ist das die wichtigste politische Leistung von Christen in der Demokratie: die vielen verschieden glaubenden und lebenden Bürger, die einander allein in gleicher Freiheit, aber eben nicht in irgendwelchen substantiellen Kulturwerten oder gemeinschaftlichen Vorstellungen des Guten verbunden sind, dafür zu sensibilisieren, dass Demokratie eine Herrschaftsform ist, die Unterschiede zulässt, keinen moralischen oder religiösen Vergemeinschaftungszwang kennt und dem Individuum einen großen, aber immer gefährdeten und umkämpften Eigenraum des Privaten lässt.

Das schließt es nicht aus, dass der gemeinsame religiöse Glaube Individuen über äußere, etwa kultische Vergesellschaftung hinaus auch innerlich verbindet, also vergemeinschaftet, und darin zwischen Staat und Einzelnem eine «Ligatur» bildet. Aber «die Kirchen» als Organisationen leisten dies nicht, sondern bestenfalls einzelne religiöse Gruppen, Kreise und Netzwerke in ihnen.

Beide große Volkskirchen sind zu politisch wie religiös äußerst pluralen Organisationen geworden, die die Vielfalt der in ihnen vertretenen Positionen nur noch mit sehr großer Mühe integrieren können. Ein prinzipielles Eigenrecht des Individuums konstituiert eben nicht nur die moderne parlamentarische Demokratie mit ihrer Anerkennung vorstaatlicher Freiheitsrechte des Einzelnen, sondern de facto auch die modernen Christentümer – selbst wenn diese religiöse Individualisierung in die offiziösen ekklesiologischen Selbstdeutungen der beiden großen Kirchen bisher kaum Eingang gefunden hat. Anders formuliert: Die Bedeutung der Kirchen als Organisationen gesellschaftlicher Konsensbildung wird weiter schwinden. Sie sind inzwischen weithin damit befasst, ihre massiven internen Konflikte zu pazifizieren, und in genau dem Maße, in dem ihnen dies gelingt, können sie auch als Organisationen sekundärer politischer Integration gedeutet werden.

Fünfte Untugend: Selbstherrlichkeit

Von den Neigungen der Kleriker

Die römisch-katholische Kirche erlebe derzeit «ihre tiefste Krise seit 1945». Dies sagte nicht irgendein kirchenkritischer Journalist, sondern der führende Repräsentant des deutschen Laienkatholizismus, der einstige bayerische Landtagspräsident Alois Glück. In der Tat geben die traurigen Zustände in der katholischen Kirche Anlass zu ernster Sorge. Auch die evangelischen Landeskirchen sind in keiner guten Verfassung. Aber die beliebte Rede von «den beiden großen Kirchen» kann nicht über die tiefen sozialstrukturellen Differenzen zwischen evangelischer Kirche einerseits und römisch-katholischer Kirche andererseits hinwegtäuschen. Selbst beim widerlichen Thema des Missbrauchs von Kindern und Jugendlichen durch Kirchenbedienstete lassen sich signifikante Unterschiede beobachten. Ein Anfang Mai 2010 veröffentlichter Bericht des bayerischen Justizministeriums berichtet von zwei Missbrauchsfällen in evangelischen Einrichtungen und 98 Fällen in Klöstern, Schulen und Gemeinden der römisch-katholischen Kirche, die in den letzten dreißig Jahren vertuscht worden sind. Und ein im Auftrag des Erzbistums München und Freising erstellter Bericht der Münchner Rechtsanwältin Marion Westphal spricht für die Zeit von 1945 bis 2009 allein für diese Diözese von insgesamt 159 auffälligen Priestern, von denen aber nur 26 verurteilt wurden – weil die Kirchenoberen diese Täter, auch durch Vernichtung von Strafakten, zu schützen suchten. Bei weiteren 17 Priestern sei davon auszugehen, dass sie strafbare Sexualdelikte verübten. Zwei wurden wegen körperlicher

Gewalt verurteilt, und bei 36 Priestern finden sich in den Personalakten Hinweise auf Gewalttaten. So muss man leider fragen, warum die katholische Amtskirche in den Reihen ihrer Kleriker deutlich mehr Männer mit pädophilen Neigungen und Gewaltbereitschaft zu beschäftigen scheint als die evangelische Kirche. Dies hat viel mit den ganz unterschiedlichen Konzepten des geistlichen Amtes und den Mechanismen der Rekrutierung des Pfarrernachwuchses zu tun. Evangelische Kirche und römisch-katholische Kirche unterscheiden sich nicht nur in theologischem Selbstverständnis und innerer Ordnung, sondern auch in der sozialen Struktur der Pfarrerschaft.

Die römisch-katholische Kirche ist entscheidend geprägt durch ihr kanonisches Recht, in dem die Pflichten und Rechte der zur Kirche gehörenden Getauften festgelegt sind. Bei diesen Getauften wird zwischen sogenannten Laien und geweihten Amtsträgern unterschieden. Das kirchliche sakramentale Dienstamt beruhe auf göttlicher Einsetzung und entfalte sich in den drei Stufen Episkopat, Presbyteriat und Diakonat, heißt es im *Codex Iuris Canonici*. Eine heilige Weihe könne ausschließlich ein getaufter Mann empfangen. Die Priesterweihe wird als eines der sieben Sakramente verstanden, und nur ein Bischof kann die Fülle des Weihsakraments übertragen. Die römisch-katholische Kirche ist strikt hierarchisch verfasst. Alle Macht liegt hier bei den Bischöfen und vor allem beim Bischof von Rom, dem Papst. In der Geschichte des modernen Katholizismus lassen sich seit gut 200 Jahren vielfältige Tendenzen zu immer stärkerer vatikanischer Zentralisierung und demonstrativer Betonung der Autorität des Papstes beobachten. Im Ersten Vatikanischen Konzil ist dem päpstlichen Lehramt gar Unfehlbarkeit zugesprochen worden, und das Zweite Vatikanische Konzil hat dies noch einmal bekräftigt. Der Katholizismus ist Papstkirche, und genau darin liegt, ökonomisch gesprochen, sein Alleinstellungsmerkmal in der Pluralität der konfessionellen Christentümer.

Die römisch-katholische Kirche will das Leben der Menschen in der Gesellschaft wie auch im privaten Raum umfassend regulieren, normieren. In ihrer Soziallehre und in ihrer Moraltheologie äußert sie sich sehr gern auch zu Fragen der Sexualität. Sie lehnt vorehelichen

Geschlechtsverkehr ab, bindet gelebte Sexualität in der Ehe an den Zweck der Zeugung von Kindern, verwirft – mit einigen wenigen, im November 2010 vom Papst genannten Ausnahmen, etwa im Falle junger männlicher Prostituierter – den Gebrauch von Kondomen und hält homosexuelle Handlungen für eine schwere Sünde. Ehescheidung gilt mit wenigen, von der kirchlichen Gerichtsbarkeit zu entscheidenden Ausnahmen als illegitim, und Wiederverheiratete sind von der Eucharistie ausgeschlossen. Trotz aller Androhung von Kirchenstrafen, etwa der Verweigerung der Sakramentenspendung, werden diese moralischen Vorschriften aber von einer großen Mehrzahl der Katholiken abgelehnt und ignoriert.

Ganz anders die evangelische Kirche. Die Reformatoren hatten das Priestertum aller Gläubigen gelehrt, und deshalb kennen die diversen Protestantismen kein Zweiklassenchristentum von Laien und Geweihten. Auch wenn es in einigen protestantischen Kirchen Bischöfe gibt, haben diese doch keinerlei höhere geistliche Vollmacht als ein einfacher Dorfpfarrer. Die evangelischen Kirchen sind antihierarchisch, synodal verfasst, und die entscheidende Macht liegt, jedenfalls der Verfassung nach, nicht bei Bischöfen und anderen Funktionsträgern, sondern den Synoden und in den Gemeinden bei den Kirchenvorständen bzw. Presbyterien. Protestanten leben unmittelbar zu Gott, und hier ist die Kirche keine Heilsanstalt, die über einen Gnadenschatz verfügt, sondern allein der Ort, an dem das Wort Gottes verkündet und die Sakramente, also Taufe und Abendmahl, gereicht werden. Frauen haben Zugang zu allen kirchlichen Ämtern. Obgleich die Hannoversche Landesbischöfin Margot Käßmann schon bald nach ihrer Wahl zur Vorsitzenden des Rates der EKD wegen eines peinlichen Mangels an Professionalität – man setzt sich als Inhaber(in) solch hohen Amtes niemals selbst ans Steuer, schon gar nicht am Abend und nach Alkoholgenuss – von ihren Ämtern zurücktrat, hat sie eben als geschiedene Frau gewählt werden können; nicht wenige römisch-katholische Bischöfe haben dies als einen skandalösen Affront erlitten. In den evangelischen Kirchen können offen homosexuell lebende Männer und Frauen Pfarrer bzw. Pfarrerin werden, und in den lutherischen Kirchen Skandinaviens gibt es inzwischen eine kirchliche Eheschließung und Trauzeremonie für gleichgeschlechtliche Paare. Zwar lassen sich in den evangelischen Landeskirchen Deutschlands seit 1945 massive Klerikalisierungstendenzen beobachten, und bei vielen hauptamtlichen Kirchenfunktionären gibt es die autoritäre Tendenz, den Leuten vorzuschreiben, was sie zu denken und zu tun haben. Aber mit ihren ethischen Denkschriften und theologischen Erklärungen kann die evangelische Kirche ihren Mitgliedern zwar Orientierung in schwierigen Konfliktlagen zu bieten versuchen, sie aber nicht binden. Protestantische Ethik und Frömmigkeitskultur sind durch einen religiös legitimen hohen Pluralismus geprägt. Die Kirchen der Reformation entstanden nun einmal infolge des frommen Protests eines einzelnen Gottesgelehrten gegen eine tendenziell allmächtige kirchliche Institution, und so hat die Freiheit des Einzelnen auch in allen religiösen Fragen hier einen hohen Stellenwert. Die Synoden sorgen zudem für einige Transparenz und fördern bisweilen den Austrag von Konflikten.

Beide Kirchen haben bei den Deutschen in den letzten Jahren erheblich an Vertrauen verloren. Nur noch 17 oder 20 Prozent (je nach Umfrage) der katholischen Kirchenmitglieder halten ihre Kirche für eine verlässliche, glaubwürdige Institution. Auf die Frage «Zu welchen Institutionen haben Sie großes Vertrauen?» antworten laut einer Forsa-Studie aus dem März 2010 die Deutschen: Polizei 80 Prozent, eigener Arbeitgeber 76 Prozent, Ärzte 74 Prozent und so weiter. Beim Zentralrat der Juden sind es immerhin noch 27 Prozent und bei den Banken 21 Prozent. Der katholischen Kirche aber bringen nur noch 17 Prozent der Deutschen Vertrauen entgegen. Noch verheerender sind die Zahlen des «Ethik-Monitors», die die Hamburger Stiftung Wirtschafts-ethik Wertevolle Zukunft im März 2010 veröffentlichte: Hier landete die katholische Kirche auf dem letzten Platz der vertrauenswürdigen Institutionen oder Organisationen, wohingegen die evangelische Kirche sich immerhin im Mittelfeld halten konnte. Auch bei den Personen, von deren Ehrlichkeit, Gerechtigkeit und Verlässlichkeit man überzeugt sei, wurde Robert Zollitsch, der Freiburger Erzbischof und Vorsitzende der Deutschen Bischofskonferenz, an letzter Stelle genannt

– deutlich hinter Josef Ackermann und erst recht Margot Käßmann, die durch ihren Rücktritt ihre Rolle als beliebtes Vorbild noch zu stärken vermochte. Selbst die hauptamtlichen Mitarbeiter der katholischen Kirche im Lande trauen dem eigenen Arbeitnehmer nicht mehr und geben der evangelischen Konkurrenz eine deutlich höhere Vertrauensnote. Hinzuweisen ist freilich auch darauf, dass eine für Reader's Digest Deutschland erstellte Umfrage «der Kirche» (unsinnigerweise wird nicht zwischen evangelischer und katholischer Kirche unterschieden) einen Vertrauenswert von 47 Prozent zuerkennt – das wäre eine Zunahme von 4 Prozent gegenüber dem Jahr 2001. Wieder ganz andere Zahlen finden sich in einer repräsentativen Online-Studie des Marktforschungsinstituts ipsos. Auch hier rangiert die katholische Kirche als Schlusslicht: Nur 9 Prozent der Befragten trauen ihr noch. Und drei Viertel der Bundesbürger geben inzwischen an, der katholischen Kirche nicht zu vertrauen, darunter 54 Prozent sogar mit dem Zusatz: «überhaupt nicht». In der Generation der Fünfzig- bis Vierundsechzigjährigen liegt das Misstrauen gar bei einem Anteil von 81 Prozent. Und gut die Hälfte, 52 Prozent der Deutschen, bekundet inzwischen, der evangelischen Kirche nicht oder überhaupt nicht zu vertrauen. Wie immer man solche widersprüchlichen Zahlen deuten mag: Man wird mit Blick auf die Missbrauchsskandale und speziell den Fall Mixa von einem erheblichen Glaubwürdigkeitsverlust der katholischen Kirche sprechen müssen.

Zum Ansehensverlust der katholischen Kirche hat auch der dramatische Priestermangel beigetragen. Oft sind Priester aus dem Ausland angeworben worden, die ihren Gemeinden fern und fremd blieben. Schon seit langem ist bekannt, dass gerade homosexuelle Männer gern den Beruf des katholischen Priesters ergreifen. Sie leben ihre sexuellen Neigungen oft heimlich aus, in Beziehungen, die sie vor dem Bischof und bisweilen auch ihrer Gemeinde verbergen müssen. Dies fördert Lüge, Versteckspielerei, Selbstbetrug, auch mancherlei Denunziation. Hierarchische Systeme erlauben zudem nur wenig Transparenz und externe Kontrolle, und so haben sich hier auch Missstände und bisweilen massive Korruption entwickeln können. So wenig es einen belegbaren Zusammenhang zwischen Homosexualität und Pädophilie gibt, so wenig lässt sich pauschal der Zölibat für die nun öffentlich gewordenen Missbrauchsfälle verantwortlich machen. Allerdings zeigt sich ein sehr altes Handlungsmuster des katholischen Episkopats: Hatte ein Priester eine Liebesbeziehung zu einer Frau geknüpft, wurde er vom Bischof sofort in eine ferne Gemeinde versetzt, ohne Rücksicht auf die Frau, um der Aufrechterhaltung des Zwangszölibats willen. Bei pädophil veranlagten Priestern, die sich an Kindern und Jugendlichen vergangen hatten, ist man bis in die jüngste Zeit hinein nicht anders verfahren – weil man die Kirche als «heilige Institution» für wichtiger als die Opfer hielt.

Die evangelische Kirche kennt keinen Pfarrermangel. Aber auch hier lassen sich starke Veränderungen beobachten. Bei den Theologiestudierenden gibt es inzwischen eine klare weibliche Mehrheit, und so scheint der Beruf des evangelischen Pfarrers zunehmend feminisiert zu werden. War die Ordination von Frauen zum gleichberechtigten Gemeindedienst noch in den sechziger Jahren in einigen Landeskirchen heftig umstritten, ist inzwischen gut ein Drittel – laut EKD-Statistik 2010 33,8 Prozent – aller Pfarrstellen in der EKD durch Frauen besetzt. Waren 1964 von den damals 13 452 aktiven Pfarrern in den Landeskirchen der EKD 98,1 Prozent Männer, also nur 1,9 Prozent Frauen, so lässt sich nun eine stabile Mehrheit von evangelischen Pfarrerinnen gegenüber Pfarrern prognostizieren. Ilse Junkermann, die Landesbischöfin der Evangelischen Kirche in Mitteldeutschland und inzwischen – nach den Rücktritten von Margot Käßmann und Maria Jepsen – einzige Bischöfin im deutschen Protestantismus, hat in einem Interview mit der *FAZ* im Februar 2010 darauf hingewiesen, dass es unter den Hauptfachstudierenden der Evangelischen Theologie inzwischen eine weibliche Mehrheit von knapp 60 Prozent gibt. In der Westfälischen Landeskirche betrug der Anteil von Frauen im Pfarramt 1997 und 1998 36 Prozent und im Jahr 2000 dann schon 42 Prozent. Inzwischen sind von den angehenden Geistlichen der Westfälischen Landeskirche gut zwei Drittel Frauen. Auch in der Rheinischen Kirche lässt sich ein ähnlicher Trend beobachten. Hier stellen die Frauen 60 Prozent der angehenden Geistlichen.

Obwohl andere Landeskirchen keine präzisen Zahlen für den Pfarrer-nachwuchs – also Vikare beziehungsweise Vikarinnen und Pfarrer be-ziehungsweise Pfarrerinnen zur Anstellung – nennen, sprechen viele Indizien dafür, dass der Beruf des evangelischen Pfarrers zunehmend zu einem Frauenberuf wird. Auch bei den ehrenamtlich in Gemeinden Aktiven lässt sich solche Feminisierung beobachten: Hier beträgt der Frauenanteil 69,9 Prozent. Desto mehr fällt auf, dass Frauen in den kir-chenleitenden Bürokratien noch immer deutlich unterrepräsentiert sind. Unter den 22 Landeskirchen ist es, wie gesagt, nur noch die Mit-teldeutsche, die eine Landesbischöfin hat. Auch in der akademischen Theologie lässt sich Vergleichbares beobachten: Obwohl die Mehrzahl der Hauptfachstudierenden junge Frauen sind, gibt es unter den ordent-lichen Professoren, also Professoren der höchsten Besoldungsgruppe, nur einen Frauenanteil von etwa 10 Prozent. Auch bei Habilitationen in den Fächern der Evangelischen Theologie lassen sich keinerlei Fort-schritte in der Förderung von Frauen beobachten. Der Frauenanteil liegt hier seit 1988 relativ konstant bei etwa 12 Prozent. So wird man derzeit nur für das Gemeindepfarramt von Tendenzen der Feminisie-rung sprechen können. Was dies im Einzelnen für das geistliche Profil des Berufs bedeutet, lässt sich derzeit noch nicht sagen. Doch gewiss ist: Die Ehefrau und Mutter auf der Kanzel steht für ein ganz anderes Rollenverständnis des Pfarrberufs, als es im römischen Katholizismus kultiviert wird. Da hier eine grundlegende Reform der Priesterausbil-dung und die von vielen Gläubigen ersehnte Aufhebung des Pflichtzö-libats kaum zu erwarten steht, dürften die fundamentalen Gegensätze zwischen katholischem Priester und evangelischem Pfarrer durch die vielen Pfarrerinnen im schwarzen Talar verstärkt öffentlich sichtbar werden.

Zu verschärfter Polarisierung zwischen den Konfessionskirchen tragen auf ihre Weise auch die jungen aggressiven Neukonservativen im deutschen Katholizismus bei, die nun verstärkt zu Priestern ge-weiht werden oder als Bischöfe Leitungsfunktionen übernehmen. In der römisch-katholischen Pfarrerschaft lässt sich, jedenfalls in einigen Diözesen, ein harter Generationenkampf zwischen Älteren, die sich

Idealen einer offenen, «konziliaren» Kirche verpflichtet fühlen, und jüngeren, entschieden restaurativ, autoritär und antiprotestantisch gesinnten Klerikern beobachten. Besonders kämpferisch wird dieser Streit derzeit in der Diözese Limburg ausgefochten, deren Bischof Franz-Peter Tebartz-van Elst, der Nachfolger des ebenso bescheidenen wie aufrechten Bischofs Franz Kamphaus, demonstrativ auf hierarchischen Prunk, schrille Goldbrokatgewänder, christlichen Sittenstaat und marianische «Spiritualität» setzt. Ältere Priester werden hier von jüngeren Amtsbrüdern als seichte «Konzilspriester» beschimpft. Diese wiederum behaupten, dass unter Tebartz-van Elsts autoritärem Kirchenregiment aus «menschenfreundlichen Seelsorgern» bloße «Kultpriester» gemacht werden sollen, und empören sich über den «Hochglanzkitsch», die «selbstverliebten Rituale», den «klerikalen Dünkel» und die «leeren Worthülsen» ihres Bischofs, der sich auf dem Domberg gerade einen neuen Prachtbau als Bischofssitz errichten lässt. Das erinnert an Gerhard Ludwig Müller, der sich im Regensburger Dom für rund 100 000 Euro einen neuen, erhöhten Bischofsstuhl bauen ließ. Die oft zu hörende Kritik, hier werde demonstrativ ein vorkonziliares, weil einseitig autoritär-hierarchisches Verständnis des Bischofsamtes inszeniert, greift jedoch zu kurz. Es ist nicht Restauration, sondern ein ganz neuer postmoderner Konservatismus, der hier, gerade auch durch «ästhetischen Fundamentalismus» (Stefan Breuer), die «Sichtbarkeit» der Kirche als einer in der Welt alles bloß Weltliche transzendierenden Heilsanstalt demonstrativ in Szene setzen will – auch mit Techniken der Machtdemonstration, die Konflikte etwa mit den Gremien der Laien um medialer Aufmerksamkeit und damit verbundener Mobilisierungseffekte willen bewusst forcieren. Man muss nur einmal den Einzug eines solchen Bischofs mit seinen Domherren oder Domkapitularen und den Messdienern in seinen Dom beobachten, um die innere Logik der Klerikalmacht zu erkennen: Hier wird unhinterfragbare Autorität zeremoniert, Gehorsam eingeklagt und Glaube primär als Treue zur kirchlichen Institution symbolisiert. Der «Kirchenfürst», der Designerbrillen trägt, sich immer neue liturgische Gewänder schneidern lässt, einen großen BMW mit abgedunkelten Scheiben als Dienstwagen fährt und in der sogenannten Integrationsdebatte auf islamophobe Verschärfung setzt, nimmt auf seine modern-antimoderne Weise nur den vielfältig verstärkten gesellschaftlichen Pluralismus ernst: Er will mit großer Geste demonstrieren, dass «die Kirche» ganz anders als alle anderen Akteure ist. Höchst modern ist er, indem er aus den reichen liturgischen Überlieferungen der Kirche, speziell der lateinischen, tridentinischen Liturgie nach individuellen, oft ästhetischen Kriterien frei auswählt, und zugleich entschieden antimodern, indem er gegen den perhorreszierten liberalen «Relativismus» ein Ethos unbedingt bindender Kirchlichkeit beschwört.

Der katholische Theologe David Berger hat in einem soeben veröffentlichten Erfahrungsbericht *Der heilige Schein. Als schwuler Theologe in der katholischen Kirche* diesem «rechtsklerikalen Milieu» trotz aller amtlich verkündeten Homophobie eine hohe Nähe zu Subkulturen von Homosexuellen zugeschrieben – vor allem wegen der großen ästhetischen Faszinationskraft des tridentinischen Ritus. Hier wird das Autoritäre, Selbstherrliche bis in die Körpersprache des Liturgen hinein zelebriert.

Auch unter evangelischen Kirchenfunktionären lässt sich viel neue Selbstherrlichkeit beobachten. In einigen lutherischen Landeskirchen war in den zwanziger und dreißiger Jahren das Amt des Kirchen- oder Konsistorialpräsidenten in Aufnahme politischer Debatten über das «Führerprinzip» in das Amt eines Landesbischofs transformiert worden. Seitdem sind manche protestantische Bischöfe immer episkopaler, autoritätssüchtiger geworden. Bis vor gut zehn Jahren hieß in Bayern der erste Pfarrer eines Dekanats Dekan und analog der leitende Geistliche eines aus mehreren Dekanaten gebildeten Kirchenkreises Kreisdekan. In einer Art Titelreform – Amtsnamen machen Leute – heißt er oder sie nun Regionalbischof oder Regionalbischöfin. Das ist schon deshalb ein absurder Titel, weil jeder Bischof ja immer der Bischof eines bestimmten Gebietes, einer Region ist. Aber man wollte so neben dem 1933 eingeführten Amt des Landesbischofs der Evangelisch-Lutherischen Kirche in Bayern auch den bisherigen Kreisdekanen zu episkopaler Autorität verhelfen. Martin Hein, der Bischof der kleinen

Kirche von Kurhessen-Waldeck, schlug vor drei Jahren dann gar vor, dem Ratsvorsitzenden der EKD den Titel «Evangelischer Erzbischof» zu geben. Das war für manche Protestanten dann doch zu viel des katholisch Hierarchischen. Solle man nicht besser, analog zum nationalsozialistischen Amt des «Reichsbischofs», damals «Reibi» genannt, das Amt eines evangelischen «Bundesbischofs» oder «Bubis» einführen, fragte mit gut protestantischer Streitlust der Nürnberger Pfarrer Ludwig Frambach in der *ZEIT* vom 11. November 2010, also einen Tag nach Luthers 527. Geburtstag. «Bischöfe passen in die spirituelle Landschaft des Protestantismus wie Fürsten in die Demokratie», heißt es in seiner kritischen Analyse des neuen Amts-Personenkultus. In der bayerischen Landessynode hat der Pfarrer Dieter Schlee vom «Forum Aufbruch Gemeinde» pünktlich für die Herbstsynode 2010 den Antrag auf Abschaffung des Bischofstitels gestellt. Er will so deutlich machen, «dass die evangelisch-lutherische Kirche Abstand nimmt von einer weiteren unguten Katholisierung und Hierarchisierung unserer doch noch immer der Reformation verpflichteten Kirche». Dass sein Antrag Erfolg haben wird, ist zu bezweifeln. Denn die Hierarchiesucht ist gerade im bayerischen Luthertum stark ausgeprägt. Besonders gut zeigen dies die feinen Unterschiede in der Amtskleidung. Blicken wir zunächst zurück, in die protestantische Tradition. In einem *Handbuch für das kirchliche Amt*, erschienen im Jahre 1928, heißt es zur «Amtstracht»: «Die geistlichen Würdenträger der katholischen Kirche sind über die Amtsabzeichen hinaus auch durch eine bestimmte Kleidung ausgezeichnet, z. B. der Papst trägt weißseidenen Talar, purpurseidene Schuhe, roten Mantel und Hut. Zu den ‚Pontifikalien‘ des Bischofs gehören Handschuhe, Sandalen u. a. Der katholische Priester trägt nicht bloß beim Gottesdienst, sondern auch sonst eine bestimmte Tracht: vorn geschlossenen Gehrock (länger oder kürzer: Soutane oder Soutanella); nähere Bestimmungen erlassen die Bischöfe für ihre Diöcesen. – Die evangelische Kirche kennt eine Amtstracht nur für den gottesdienstlichen Gebrauch: den aus dem mittelalterlichen Gelehrtenrock hervorgegangenen schwarzen Talar aus Tuch oder Kaschmir (das Recht, seidenen Talar zu tragen, wurde in Preußen vom König besonders verliehen); dazu Bäffchen, die sich aus der noch jetzt mancherorts üblichen weißen Halskrause entwickelten; zuweilen über dem Talar noch eine weiße Alba, ein kurzes weißes Gewand, das nicht aus der katholischen Alba entstanden ist, sondern aus dem (…) Superpelliceum; ein Barett aus schwarzem Sammet; alles in allzu mannigfaltigen, nicht immer schönen Formen.» Die sogenannte Hochkirchliche Bewegung, eine stark katholisierende liturgische Erneuerungsbewegung der zwanziger Jahre, betrieb dann die Wiedereinführung liturgischer Gewänder nach dem Vorbild der römisch-katholischen Kirche. Inzwischen herrscht in Sachen Amtskleidung im deutschen Protestantismus bunte, nicht selten peinlich schrille Vielfalt. Wohl um gegen katholische Amtsträger bestehen zu können, kleiden sich nicht wenige evangelische Spitzenkleriker in violette oder rote Leibchen mit Kollar (Römerkragen), und je höher das Amt, desto größer und schwerer muß das goldene Kreuz sein, das man trägt. Selbst wenn man bei einem Empfang im schwarzen Anzug erscheint, heftet man sich neuerdings ein silbernes Bischofskreuz ans Revers. Manche Pfarrerinnen in Leitungsämtern lassen sich eigene, an die römischen Soutanellen erinnernde Kostüme schneidern. Nur absurd ist der Distinktionsbedarf mit Blick auf die weißen Bäffchen über dem schwarzen Talar. Mit dieser Amtstracht wollten die evangelischen Pfarrer im prägnanten Gegensatz zu den katholischen Würdenträgern zeigen, dass sie sich in erster Linie als Gottesgelehrte, nicht aber als bloße Kultbeamte oder gar Zeremonienmeister verstehen. Davon scheinen viele evangelische Geistliche in Leitungsämtern nichts mehr zu wissen. Um ihre herausgehobene Funktion sichtbar zu machen, tragen sie nun Bäffchen, in die silberne oder goldene Kreuzzeichen eingewebt sind – als ob sie Offiziere irgendeiner Heilsarmee seien.

Mein Tun ist nicht von dieser Welt:
Benedikt XVI. und Joseph Ratzinger

Wer glaubt, der Papst habe nicht gewusst, was er mit der Aufhebung der Exkommunikation von vier Bischöfen der antikonziliaren Pius-Bruderschaft tat, kann sich durch die Lektüre der Schriften Joseph Ratzingers eines Besseren belehren lassen. Antiliberalismus und eine unpolitische Auffassung von Kirchenpolitik prägen die Vorstellungswelt des einstigen Dogmatikprofessors seit je.

Gern wird das Zweite Vatikanische Konzil (1962 bis 1965) als Öffnung Roms gegenüber dem Geist der westlichen Moderne gedeutet. Die römisch-katholische Weltkirche habe hier Glaubens- und Gewissensfreiheit zu akzeptieren gelernt, eine neue Sicht des Judentums entwickelt, ökumenische Verständigung mit den anderen christlichen Kirchen angebahnt und den radikalen Antimodernismus verabschiedet, der Ultramontanismus und katholische Ghettomentalität geprägt hatte. Vielen katholischen Reformern gilt das Konzil als innerkirchliche Aufklärung, mit der die Freiheitsideen des 17. und 18. Jahrhunderts in einen neuen christlichen Humanismus transformiert wurden.

Der Dogmatikprofessor Joseph Ratzinger trat früh schon für eine ganz andere, für eine institutionentheoretische Deutung des Konzils ein. Als Berater deutscher Kardinäle an der Konzilsarbeit beteiligt, berichtete er seit 1963 in vier kleinen Büchern über «Ergebnisse und Probleme» des Konzils. Es habe primär einer entschiedenen Neubestimmung römischer Identität in pluralistischen Umwelten gedient, deren normative Grundlagen zutiefst unchristlich seien. Zwar greift Ratzinger moderne Leitbegriffe wie Personwürde, Menschenrechte, Freiheit und Pluralismus auf. Aber er gibt ihnen immer einen dezidiert antiliberalen Gehalt.

Der bloß «formalen», inhaltsleeren Freiheit des «liberalistischen Individualismus» stellt er «wahre» Freiheit, die ethisch fundierte Bindung des Menschen an sittliche Institutionen wie Familie und Staat, entgegen. Das Konzil habe Menschenrechte strikt als Schöpfungsrechte gedacht, in denen die sündhafte Autonomie des Einzelnen durch freudige Hingabe an die Gemeinschaft überwunden sei. Liberalismus, moralischen Pluralismus und die offene Gesellschaft lehnt Ratzinger, mit einer angriffigen Formel, als «Diktatur des Relativismus» ab. Häufig polemisiert er gegen das Mehrheitsprinzip der parlamentarischen Demokratie, dem die Kirche eine sittliche Wahrheit vorordnen müsse. In Europas Rechtsstaaten sieht er ernsthaft Christen und Kirche von aggressiven Feinden verfolgt. Mehrfach klagt er darüber, dass die Beleidigung von Juden und Muslimen strafrechtlich verfolgt werde, aber «die Kirche» schutzlos diffamierender Verachtung preisgegeben sei.

1980 veröffentlichte Ratzinger einen Essay zum Begriff «Kirchenpolitik», einem protestantischen Neologismus des frühen 19. Jahrhunderts. Kirchenpolitik dürfe sich nicht an Pragmatismus und Machtinteresse, sondern allein an theologischer Einsicht orientieren. In der Tat kann seine Entscheidung, die Exkommunikation der vier schismatischen Bischöfe aufzuheben, Kenner seiner Theologie nicht überraschen. Sie war theologisch lange vorbereitet, und ihr gingen Gespräche mit den Betroffenen voraus. Auch war im Zentrum des Vatikans durchaus bekannt, dass die sogenannten Traditionalisten einen radikalen Antijudaismus vertreten, den «Ökumenismus» in Richtung Protestanten ablehnen, statt freiheitlichem Rechtsstaat einen katholischen Sittenstaat fordern, Vichy bei Messen für Marschall Pétain als das wahrhaft katholische Frankreich preisen und europaweit eng mit Organisationen der neuen völkischen Rechten vernetzt sind.

Der Gelehrte auf Petri Stuhl hat die schismatischen Bischöfe aus ekklesiologischen Gründen dennoch in «die Kirche» zurückgeholt – ohne jede Vorbedingung. Wenn nun manche Kardinäle und einzelne deutsche Bischöfe erklären, Benedikt habe die Tragweite seiner Entscheidung nicht erkannt oder sei dem zuständigen Kurienkardinal Hoyos «ins Messer gelaufen», ist ihnen Ratzinger-Lektüre zu empfehlen. Dem Papst war «die Einheit der Kirche» wichtiger als alles bloß Politische – und dies entspricht ganz seiner Theologie.

Schon der junge Ratzinger hat einen eigenen organologischen Denkstil entwickelt. In seiner individuellen geistigen Ordnung steht immer «die Kirche», empirisch gesehen: die römisch-katholische Weltkirche, im Zentrum. Theologie soll die institutionelle Identität «der Kirche» gegenüber «der Welt» stärken. So konzentriert sich der Dogmatiker auf die Ekklesiologie, die Lehre von der Kirche und ihrer Heilsbedeutung, speziell die Ämterlehre, und die Sakramente. Kein anderer Theologe seiner Generation hat vergleichbar intensiv über die exklusive Autorität des Papstamtes veröffentlicht: Nur der «Primat des Papstes» garantiere «die Einheit des Gottesvolkes». Offenbarungsgehorsam, strikte Bindung an die Lehre der Väter, Papsttreue, Sakramentalität und heiliger Ritus gelten ihm als entscheidende Kriterien wahrer Kirchlichkeit.

In dieser radikalen Ekklesiozentrik kann Ratzinger die sozialen Umwelten «der Kirche», etwa staatliche Institutionenordnungen, ideenpolitische Diskurse und gesellschaftliche Akteure, nur sehr unscharf wahrnehmen. Walter Kasper, damals Professor in Münster und von 1999 bis 2010 zunächst Sekretär und dann Präsident des Päpstlichen Rates zur Förderung der Einheit der Christen, seit 2001 auch Mitglied des Kardinalskollegiums, hat in einer ebenso subtilen wie vernichtenden Besprechung von Ratzingers *Einführung in das Christentum* dem Tübinger Kollegen 1969 einen platonisierenden Spiritualismus attestiert, der weder konfliktreicher Geschichte noch dem «Bereich des Politischen» gerecht werden könne. Ratzinger spricht wiederholt «vom Primat des Unsichtbaren als des eigentlich Wirklichen» oder von der «Logoshaftigkeit der Wirklichkeit», die sich allein in der Christus-Offenbarung erschließe. Die reformatorische «Freiheit eines Christenmenschen» und die Kantische «Revolution der Denkungsart» verwirft er als «haltlosen Subjektivismus», und der moderne Historismus ist ihm völlig fremd geblieben. Fortwährend will er synthetisch und ganzheitlich denken – und dies heißt: Er denkt unhistorisch. Auch hat er niemals moderne Sozialtheorien rezipiert oder religionssoziologische Klassiker. In seiner Theologie gibt es für eine Außenperspektive auf «die Kirche» als gesellschaftlichen Akteur keinen systematischen Ort.

Natürlich verwirft der Papst (der als Münchner Erzbischof niemals das Konzentrationslager Dachau besucht hat) den Rassenantisemitismus der Nationalsozialisten. Aber Ratzinger schweigt zur alten Judenfeindschaft der Kirchen. In Texten zur Stellung des Christentums unter den Weltreligionen und zum Verhältnis von Juden und Christen lässt er keinen Zweifel daran, dass interreligiöser Dialog dem Lehramt primär zur Missionierung der Andersgläubigen dienen soll, um ihnen die Fülle der Christus-Wahrheit zu erschließen. Auch die Juden haben danach noch ein Heilsdefizit. Ratzinger betont zwar die Kontinuität zwischen «Israel» und «der Kirche» und relativiert in der Formel vom «einen Bund» die scharfe paulinische Antithese von Altem und Neuem Bund. Doch sei der Sinai-Bund, im Unterschied zum Abrahams-Bund, nur temporär, allein für das Volk Israel gültig; und erst im Christus-Bund werde «sein Vorläufiges abgestreift». Das Christentum sei die «Erfüllungsreligion». Mit der Lehrüberlieferung «der Kirche» hält er daran fest, dass das empirische Israel, die frommen Juden, Heil nur im Bekenntnis zu Christus, dem «größeren Moses» und einzigen Messias, erlange. Mit der Wiederzulassung des alten Messritus und mit der von ihm selbst neu verfassten Karfreitagsbitte zur Bekehrung der Juden entsprach Benedikt der theologischen Erkenntnis des Dogmatikers Ratzinger.

Und nun, in der «Heimholung» der Exkommunizierten, hat er nur Ernst damit gemacht, dass «nicht politische Meinung», sondern allein das Weihesakrament das Priesteramt definiert. Der fromme Platoniker meint offenbar, dass sich Kirchenpolitik allein im Ideenhimmel römisch korrekter Sakramentenlehre vollzieht. Aber Kirchenpolitik hat lebendige Akteure, und die sind allemal fehlbar – jedenfalls für Protestanten.

Erneut hat der Papst den «aus der Reformation hervorgegangenen Gemeinschaften» signalisiert, dass ihm die orthodoxen Kirchen mit ihren autoritären Amtstheologien sehr viel näher stehen. Die meisten orthodoxen Kirchen sind zwar nur Ethno-Religionen, in denen die je eigene Nation, das «heilige Russland» etwa, sakralisiert wird. Aber dies stört den Papst weniger als jener Geist der Aufklärung, dem sich viele protestantische Kirchen Europas in harten Lernprozessen geöffnet haben. In den Interviews mit Peter Seewald, die dieser soeben unter dem Titel *Licht der Welt* mit großer medialer Resonanz veröffentlicht hat, bekräftigt der Papst seinen entschiedenen Antiprotestantismus abermals: «Man muss tatsächlich feststellen, dass der Protestantismus Schritte getan hat, die ihn eher von uns entfernen; mit der Frauenordination, der Akzeptanz homosexueller Partnerschaften und dergleichen mehr. Es gibt auch andere Stellungnahmen, andere Konformismen mit dem Geist der Gegenwart, die das Gespräch erschweren. Zugleich gibt es natürlich auch in den protestantischen Gemeinschaften» – abermals bringt der Papst prägnant zum Ausdruck, dass er in den evangelischen Kirchen keine Kirchen sieht – «Menschen, die lebhaft zur eigentlichen Substanz des Glaubens hindrängen und diese Haltung ihrer Großkirchen nicht billigen». Auch unabhängig von der bemerkenswerten Nebeneinanderstellung von Frauenordination und Revision alter kirchlicher Homophobie ist die Stoßrichtung des papalen Antiprotestantismus deutlich: Er wirft den «protestantischen Gemeinschaften» «Konformismen mit dem Geist der Gegenwart», also Anpassung an den liberalen Zeitgeist und moderne Freiheitsideen vor. So macht er sich implizit die entscheidenden Elemente im antiprotestantischen Weltbild der Pius-Brüder selbst zu Eigen.

Immerwährender Stachel:
Ökumene aus päpstlicher Sicht

Präziser als andere deutschsprachige katholische Dogmatiker seiner Generation hat sich Joseph Ratzinger an den harten kognitiven Problemen des überkommenen christlichen Wahrheitsanspruchs abgearbeitet. Wo manche katholische Gelehrte die Vielfalt je eigener religiös grundierter Moralkulturen ignorieren und die Menschheit überhaupt mit ihrem artifiziell abstrakten Welteinheitsethos beglücken wollen (was Andersdenkende nur als wohlmeinende Unterdrückung erleiden können), setzt Ratzinger auf die Anerkennung faktischer Differenzen, so dass er interkulturelle Dialoge zu intensivieren verlangt. Essentialistische Stereotypen antagonistischer Religionskulturräume, etwa im Sinne Samuel Huntingtons, dekonstruiert er mit dem Hinweis darauf, «dass alle kulturellen Räume durch tiefgreifende Spannungen innerhalb ihrer eigenen kulturellen Tradition geprägt sind». Die römisch-katholische Weltkirche sieht er in ihren pluralen religiös-kulturellen Umwelten deshalb mit je eigenen Wertkonflikten konfrontiert. Gerade deshalb gibt er der klaren, verbindlichen Lehre der Kirche auch in moralischen Fragen ein so hohes Gewicht. Nur durch prägnant definierte Identität, durch einen klaren ekklesiologischen Begriff ihrer selbst, könne die römisch-katholische Kirche verhindern, in den vielfältigen Interaktionen innerhalb divergenter Kulturen in ein Ensemble mehr oder minder katholischer «Ortskirchen» auseinanderzufallen. In klarem Gegensatz zu Walter Kardinal Kasper hat Ratzinger der römischen «Gesamtkirche» konsequent eine ontologische wie temporale Priorität vor jeder einzelnen «Teilkirche» zuerkannt. In seinen zahlreichen Texten zur Amtstheologie des Papsttums, die seit dem 19. April 2005 den Charakter antizipierter Selbstreflexionen gewonnen haben, hat Ratzinger gern die unaufhebbare Widersprüchlichkeit der Primatsidee betont. Gerade der ideale Repräsentant der Einheit wirkt faktisch kirchenspaltend. Insoweit kann ein protestantischer Theologe Benedikt XVI. nur an die Einsicht des Regensburger Dogmatikprofessors Joseph Ratzinger erinnern: «Für das Papsttum und die katholische Kirche bleibt die Papsttumskritik der nicht-katholischen Christenheit ein Stachel, eine immer christusgemäßere Verwirklichung des Petrusdienstes zu suchen».

Im Land der Reformation hat der Präfekt der Glaubenskongregation vor allem mit der *Erklärung Dominus Jesus* vom 6. August 2000 Ärgernis erregt. Die damals auf vielen Foren geführte Debatte hat begrüßenswerte theologische Klarheit befördert. Zwar können einzelne Getaufte anderer Konfessionen als «Brüder» und «Schwestern» angeredet werden. In einer höchst modernen Institutionentheorie hat das Lehramt aber darauf insistiert, dass die eine Kirche Jesu Christi allein in der römisch-katholischen Kirche «subsistiert». Bedeutet dies eine Zweiklassen-Ekklesiologie, derzufolge die Christen in den nicht-römischen «kirchlichen Gemeinschaften» erst dann wieder Glieder der wahren Kirche sind, wenn sie den Primat des Papstes anerkennen, das römisch-katholische Amtsverständnis teilen und die Eucharistie nur so empfangen, wie das Lehramt dies vorschreibt? Viele reformerische römisch-katholische Theologen haben diese Frage damals bejaht und Ratzinger eine klerikalarrogante Herabsetzung der leider getrennten protestantischen «Geschwister» vorgeworfen. Nicht wenige protestantische Universitätstheologen haben genau umgekehrt argumentiert und Ratzinger für wohltuende Präzision im ökumenischen Diskurs gedankt. Ratzinger ist kein Antiökumeniker, sondern genau umgekehrt ein offensiver Theoretiker ökumenischer Differenzhermeneutik. Er will die theologischen Unterschiede zwischen der römischen (in seiner Sprache: allein katholischen) Kirche und den aus der Reformation hervorgegangenen «kirchlichen Gemeinschaften» möglichst scharf und präzise benennen, weil nur im harten Ringen um die Wahrheit sich Chancen möglicher konstruktiver Verständigung eröffnen. In einem Glückwunschbrief an den Tübinger protestantischen Dogmatiker Eberhard Jüngel hat Joseph Kardinal Ratzinger im Oktober 2004 geschrieben: «Mitten in den Versuchungen des Relativismus haben Sie nachdrücklich das Bekenntnis zum Dominus Iesus in seiner ganzen Größe lebendig gehalten. Mit allem haben Sie auch einen entscheidenden ökumenischen Dienst geleistet, denn am Ende kann uns nur das Stehen zum 1. Gebot und das unverrückbare Bekenntnis zum Herrsein Jesu Christi miteinander verbinden. Dass Sie dabei auch kontrovers das protestantische Erbe im Gegenüber zur katholischen Kirche verteidigt und eilfertige Harmonisierungen abgewiesen haben, sehe ich im letzten auch als einen Beitrag zur wirklichen Einheit an. Denn darin drückt sich nicht nur Ihre Treue zu dem Erbe aus, von dem her Sie in den Glauben hineingeführt worden sind, sondern auch der Ernst des Ringens um die Wahrheit.» So schreibt kein Gegner ökumenischer Gespräche, sondern ein seriositätsbesessener Denker, der andere ernst nimmt, indem er argumentativen Streit um den theologischen Begriff verlogenen Konsensritualen und einer «Schummelökumene» (Eberhard Jüngel) vorzieht. Mit hoher Prägnanz hat Ratzinger die ekklesiologische Alternative bezeichnet, um die es im Kern geht: Entweder existiert die eine Kirche Jesu Christi in einer legitimen Vielfalt sichtbarer Konfessionskirchen, so dass Einheit allein geistlich, als Prädikat der *ecclesia invisibilis* zu denken ist. Oder die Einheit muss empirisch gedacht, also strikt auf Rom bezogen werden.

In der Entfaltung des römischen Exklusivitätsanspruchs hat sich Ratzinger allerdings in tiefe Widersprüche verwickelt. Der Wahrheitsanspruch des kirchlichen Dogmas lässt sich dogmatisch nur im Rahmen der Offenbarungslehre und ethisch nur über eine Theorie des Naturrechts als *lex divina* begründen. Wieso dem römischen Lehramt hier eine qualitativ eigene Wissensnähe zu Gott zukommen soll, derer die Christen in den nicht-römischen Kirchen entbehren, begründet Ratzinger häufig durch amtstheologische Argumente, mit zirkulärer Selbstreferenzialität. Intellektuelle Fairness gebietet den Hinweis, dass der Theologenintellektuelle Ratzinger hier selbst Probleme sieht, die schon ein Präfekt der Glaubenskongregation, erst recht aber ein Papst nur um den Preis einer – in römischer Perspektive – protestantisch fatalen Spiritualisierung des Kirchenverständnisses eingestehen könnte. Exemplarisch genannt sei das klassische kontroverstheologische Problem des Naturrechts. Auch für Ratzinger ist unter modernen Reflexionsbedingungen, jedenfalls beim aktuellen Stand der Debatte, jener Begriff der Natur nur noch Schein, der für ein immer schon geltendes Naturrecht vorausgesetzt werden muss. Ob hier Beschwörungsformeln wie «gesetzt als nicht-gesetzt, unverfügbar» weiterhelfen? Oder hat der Präfekt der Glaubenskongregation, der kraft Amtes die Grenzen des kirchlich legitimen Diskurses definieren soll, hier implizit eine Politik der Diskursöffnung vorgeschlagen und sich als Reformer in mancherlei Moralfragen positioniert?

Offen bleibt auch im sechsten Jahr dieses Pontifikats die Frage, wie Benedikt XVI. die extrem schwierige Aufgabe meistern wird, seine Verschärfungsrhetorik nach außen, den Kampf gegen den perhorreszierten «Relativismus», mit Integration nach innen hin zu verbinden. Hat «die Kirche» nicht mancherlei «Relativismen» der Moderne selbst mitformuliert? Bringt die Verschärfung von Spannungen in den verschiedenen Kulturen nicht auch eine neue Konfliktdynamik innerhalb der «Weltkirche» mit sich? Die römisch-katholische Theologie hat das Wirken des Heiligen Geistes immer an die Institutionalität der Kirche gebunden. Die protestantische Theologie sah sich außer Stande, dem Geist die Weise seiner Wirksamkeit juridisch prägnant vorzuschreiben.

Sechste Untugend: Zukunftsverweigerung

Abschied von der Volkskirche: Die neue Sehnsucht nach Gemeinschaft

«Gottes Gemeinschaft gibt es nur durch Christus, dieser aber ist nur gegenwärtig in seiner Gemeinde, daher es Gottesgemeinschaft nur in der Kirche gibt. An dieser Tatsache scheitert jeder individualistische Kirchenbegriff», hat Dietrich Bonhoeffer in seiner Dissertation *Sanctorum communio. Eine dogmatische Untersuchung zur Soziologie der Kirche* 1930 erklärt. Dabei kritisierte Bonhoeffer keineswegs nur einen Individualismus in Religion und Kirche. Sein Protest galt vielmehr dem modernen «individualistische(n) Gesellschaftsatomismus» insgesamt: «Die sozialen Grundbeziehungen können unmöglich atomistisch gedacht werden, wenn anders sie den Anspruch machen, christlich begründet zu sein». Unchristlich sei eine vom modernen okzidentalen Rationalismus geprägte Sicht menschlicher Sozialität als *Gesellschaft* vor allem deshalb, weil sie diese Gesellschaft aus dem Vertrag freier Individuen entstehen lasse und damit Individuen in ihrer Einzelheit voraussetze. Doch autonome Einzelne sind für den Theologen nur eine Abstraktion: «Der Mensch ist von der Allperson Gottes nicht gedacht als isoliertes Einzelwesen, sondern in naturgegebener Kommunikation mit anderen Menschen, und auch in Beziehung mit diesen nicht nur eine Seite seines an sich geschlossenen geistigen Daseins befriedigend, vielmehr erst hier seine Wirklichkeit, d. h. seine Ichheit findend. (...) Gott will nicht eine Geschichte einzelner Menschen, sondern die Geschichte der *Gemeinschaft* der Menschen.»

Bonhoeffers radikale Individualismuskritik kann für die protestantische Theologie des 20. Jahrhunderts als weithin repräsentativ gelten. Selbst politisch so gegensätzlich orientierte Theologengruppen wie die «Religiösen Sozialisten» und die radikal konservativen konfessionellen Lutheraner stimmten in der Weimarer Republik darin überein, dass Individualismus der Inbegriff des theologisch Illegitimen, nämlich Manifestation der Sünde sei. Dieser individualismuskritische Grundkonsens prägt auch noch die theologische Diskussionslage im bundesdeutschen Protestantismus der Gegenwart. Besonders deutlich zeigt dies der Streit um die Volkskirche. Denn dieser Streit ist mehr als nur ein Streit um die Sozialgestalt oder Ordnung der Kirche. Er ist zugleich eine Auseinandersetzung um die soziale Umwelt der Kirche, also um die moderne bürgerliche Gesellschaft und die bestimmenden Prinzipien des noch immer unabgeschlossenen Prozesses gesellschaftlicher Modernisierung. Seit der ökonomischen und politischen Doppelrevolution des späten 18. und frühen 19. Jahrhunderts leben die Kirchen in sozialen Umwelten, die wesentlich durch zunehmende gesellschaftliche Differenzierung und einen bis dahin unbekannten breiten politischen, kulturellen und weltanschaulichen Pluralismus bestimmt sind. Dieser Pluralismus ist aber kein Phänomen, das die Gesellschaft im Gegensatz zur Kirche bestimmte. Schon seit dem frühen 19. Jahrhundert haben vielmehr auch die Kirchen an der pluralistischen Revolution der Kultur teil. Für den Protestantismus gilt dies bekanntlich sehr viel stärker als für den Katholizismus. Auch in der evangelischen Kirche gibt es seitdem konkurrierende Parteien – wir sagen heute vornehmer: synodale Gruppen –, politische Kontroversen, eine Mannigfaltigkeit unterschiedlicher Frömmigkeitsstile sowie einen Pluralismus theologischer Entwürfe und Schulen. Vor allem findet sich in der Kirche zunehmend auch jener individualistische Lebensstil, wie er in modernen Gesellschaften für die inzwischen große Mehrheit der Bevölkerung signifikant ist. Der Streit um die Volkskirche ist in seinem Kern ein Streit um die christliche Legitimität dieses Pluralismus und Individualismus. Muss die Kirche aus inneren Gründen ihrer religiösen Botschaft diesen Pluralismus und Individualismus ablehnen? Ist sie um ihrer theologischen Identität willen gezwungen, die Volkskirche, so wie sie ist, zu zerschlagen, die bürokratische Anstaltskirche mit einem relativ breiten Spektrum unterschiedlicher Frömmigkeitshaltungen?

Diese Frage ist im deutschen Protestantismus schon seit dem frühen 19. Jahrhundert umstritten. Anhänger des sogenannten liberalen Protestantismus oder Kulturprotestantismus haben die These vertreten, dass der moderne Pluralismus und Individualismus eine Gestalt der praktischen Realisierung christlicher Freiheit sei. Sie sind deshalb für eine offene Kirche eingetreten, die nicht durch autoritären Lehrzwang und dogmatische Uniformität, sondern durch ein relativ breites Spektrum unterschiedlicher Frömmigkeitsweisen sowie die bewusste Begrenzung des Konsensbedarfs in der Kirche auf elementare Grundprinzipien des Christlichen charakterisiert ist. Als «elastische Volkskirche» (Ernst Troeltsch) haben die Theologen des liberalen Protestantismus diese offene Kirche bezeichnet, weil in ihr alle Sozialschichten und gesellschaftlichen Gruppen ein Heimatrecht haben sollen und ihre je besondere Auslegung des Christlichen vertreten dürfen. Volkskirche ist ursprünglich also ein emanzipatorischer, progressiver Begriff gewesen, ein kritischer Gegenbegriff gegen autoritäre Kirchenmodelle wie Staatskirche, Obrigkeitskirche, Pastorenkirche und Klassenkirche des Adels, der Bauern oder des Bürgertums. Ein solches offenes, liberales Kirchenkonzept ist im deutschen Protestantismus freilich niemals mehrheitsfähig gewesen. In Reaktion auf Französische Revolution und Aufklärung entstehen im deutschen Protestantismus nach 1800 verschiedene religiös fundamentalistische Gegenbewegungen gegen den Modernisierungsprozess, die sich sowohl in der Kirchenadministration und in der Pfarrerschaft als auch in der Universitätstheologie sehr schnell durchsetzen. Nicht Kirche der Vielen oder gar Kirche für alle, sondern Kirche der wenigen Getreuen, der echten, wahren, erweckten, wiedergeborenen und wirklich bekennenden Christen lautet hier das ekklesiologische Programm. Wahres Kirchesein wird also gerade über die Ausgrenzung all jener definiert, die – so die entsprechenden dogmatischen Feindbilder – nur säuglingsgetaufte Namenschristen, nur laue und halbe Christen seien, und um dieser Ausgrenzung willen wird immer wieder die Scheidung der Geister verlangt, eine konfessorische Identität der Kirche gegen religiöse Toleranz und liberalistische Aufweichung eingeklagt sowie gelungenes Christsein mit hoch engagierter Kirchlichkeit gleichgesetzt. So hat der Streit um die theologische Legitimität der Volkskirche im deutschen Protestantismus eine lange, bis in die politische Restauration, wenn nicht Gegenrevolution des frühen 19. Jahrhunderts reichende Tradition.

Für die prägnantere Wahrnehmung unserer aktuellen theologie- und kirchenpolitischen Kontroversen ist die Erinnerung an diese historische Dimension des Streits um das Kirchenbild geboten. Denn geschichtliche Erinnerung ist – gerade in einer zunehmend von Geschichtslosigkeit bedrohten Kirche – ein elementares Medium des Gewinns der Distanz zu sich und den vielfältigen Aktualitäten des Tages. Ich erinnere deshalb erstens an das Kirchenverständnis der Reformatoren, beschreibe dann zweitens die Wandlungen der theologischen Kirchentheorie (Ekklesiologie) in der altprotestantischen Orthodoxie und in der konfessionellen Theologie des 19. Jahrhunderts und wende mich drittens den Ekklesiologie-Debatten im deutschen Protestantismus der zwanziger Jahre des 20. Jahrhunderts zu. Auf dem Hintergrund dieser theologiegeschichtlichen Problemskizze soll dann viertens der aktuelle Streit um die Volkskirche analysiert werden.

1. *De libertate Christiana*, oder: *Die Aufwertung der frommen Individualität*

Wer als protestantischer Theologe frommen Individualismus und volkskirchlichen Frömmigkeitspluralismus prinzipiell ablehnt, muss seine Kritik vom reformatorischen Ursprung des Protestantismus her begründen können. Aber ist für die Reformation nicht gerade die Anerkenntnis einer prinzipiellen Eigenständigkeit des frommen Einzelnen grundlegend? Gewiss hat die Reformation nicht den neuzeitlichen Individualismus hervorgebracht. Doch ist für sie eine Deutung des Verhältnisses von Kirche und gläubigem Christen grundlegend, die in vielfältigen kulturellen Vermittlungen einer prinzipiellen Selbständigkeit des Individuums den Weg bereitet hat. Reformatorische Theologie ist in ihrem Kern zunächst Institutionenkritik. Sie entsteht im Kontext einer Opposition gegen Macht- und Herrschaftsansprüche der Kirche über die Seelen der Gläubigen. Vor allem Luther vertritt deshalb ein minimalistisches Kirchenverständnis, die Ansprüche der Institution gegenüber dem Individuum werden vom frommen Christen her begrenzt. Für diese Begrenzung sind drei Elemente wesentlich: zunächst die Anerkenntnis einer prinzipiellen religiösen Unmittelbarkeit des einzelnen Frommen zu Gott; weiterhin die strikte Unterscheidung zwischen Auftrag und Institutionalität der Kirche, und deshalb schließlich eine pragmatische Indifferenz gegenüber der Sozialgestalt der Kirche. Für alle Reformatoren liegt die Aufgabe der Kirche nicht mehr darin, irgendein *depositum fidei* zu verwalten und nach Maßgabe der Teilnahme der Individuen an sakramentalen Vermittlungsleistungen der Institution die individuelle Heilsaneignung zu regulieren. Das Verhältnis von Individuum und Institution wird deshalb nicht mehr aus der Perspektive der Institution, sondern der des Individuums gedacht. Zwar bleibt die Kirche auch unter den Bedingungen der reformatorischen Rechtfertigungslehre eine notwendige Bedingung der Heilsaneignung. Aber dies betrifft nur ihre Funktion, Ort zu sein, *an dem* das Evangelium verkündigt und die Sakramente gereicht werden sollen. Der Einzelne bedarf dieser Leistungen der Kirche. Die Kirche ist theologisch dann jedoch allein über den Vollzug dieser Leistungen definierbar, die sie für den Gläubigen zu erbringen hat. *In diesem Sinne* beinhaltet die reformatorische Rechtfertigungslehre die Tendenz zu einem religiösen Individualismus.

Dies hat weitreichende Konsequenzen für die theologische Frage nach der Sozialgestalt der Kirche. Besonders deutlich lassen sich diese Konsequenzen an der *Confessio Augustana*, dem entscheidend von Melanchthon formulierten Bekenntnis der protestantischen Reichsstände für den Augsburger Reichstag von 1530, erkennen. Hier ist ausdrücklich darauf verzichtet worden, irgendeine Sozialgestalt oder institutionelle Verfasstheit der Kirche gegenüber möglichen anderen

Ordnungen theologisch zu privilegieren. Folgt man der *Confessio Augustana*, dann interessiert an der Kirche theologisch nur der Vollzug ihrer Aufgabe – Wortverkündigung, Darreichung der Sakramente –, nicht aber ihre kultische Ordnung oder Sozialgestalt. Innerkirchliche Ordnungsprobleme haben unter den Bedingungen der reformatorischen Rechtfertigungslehre immer einen nachgeordneten, sekundären Charakter. Denn von der *Confessio Augustana* her lässt sich für die Ordnung und institutionelle Verfasstheit der Kirche nur *ein* Kriterium entwickeln: Kirche muss so geordnet sein, dass der Vollzug ihrer Aufgabe nicht verhindert wird. Jede darüber hinausgehende *theologische* Bestimmung der Ordnung der Kirche führte zu einem substantialistischen Institutionenverständnis, zur Definition der Institution rein aus ihr selbst. Genau diesem ekklesiologischen Substantialismus gilt reformatorische Kritik.

2. Der Zerfall der Ordnung, oder:
Die Kirche als perfekte Gemeinschaft

Die Entstehung des landesherrlichen Kirchenregiments und die enge Verwobenheit der protestantischen Landeskirchen in die feudal-ständische Herrschaftsordnung haben dazu geführt, dass die Dogmatiker der altprotestantischen Orthodoxie keine eigene Theorie der Sozialgestalt der Kirche entwickelt haben. In ihren Lehrentwürfen haben sie einerseits mit großer begrifflicher Präzision die theologischen Qualitäten der Kirche im Sinne des dritten Artikels des altkirchlichen Glaubensbekenntnisses dargelegt. Konkrete Ordnungsprobleme der Kirche sind dann jedoch im Rahmen der Ständelehre, der Lehre vom *ordo triplex hierarchicus* mit *status ecclesiasticus, magistratus politicus* und *status oeconomicus* behandelt worden. Insoweit ist von der empirischen Kirche respektive von ihrem Amt immer nur im Rahmen einer umfassenden Sozialtheorie des Gemeinwesens die Rede gewesen: Kirche ist diejenige Institution, die mit Schrift und Bekenntnis das normative Fundament des ständischen *ordo* verwaltet und ein politisch-rechtlich abgesichertes Monopol auf öffentliche wie individuelle Sinnstiftung hat. Die Kirche soll die innere «werthafte» Homogenität des Gemeinwesens gewährleisten, also durch ein einheitliches religiöses Symbolsystem die Einheit des Sozialverbandes verbürgen. Die feudal-ständischen Gemeinwesen sind, wie Ernst Troeltsch dies in seinen *Soziallehren der christlichen Kirchen und Gruppen* 1912 formuliert hat, «religiöse Einheitskulturen». Die Kirche soll dafür sorgen, dass dies nicht anders wird.

In genau dem Maße, wie sich der altständische Sozialverband und die religiöse Einheit der konfessionellen Territorien auflösen, muss für theologische Ekklesiologie die Frage nach der Sozialgestalt der Kirche zu einem eigenen Problem und Thema werden. Seit der Epochenschwelle des späten 18. und frühen 19. Jahrhunderts wird die Kirche zu einem zunehmend prominenteren Gegenstand theologischer Reflexion. Im 19. Jahrhundert sind es gerade theologisch traditionalistische und politisch radikal konservative Repräsentanten des konfessionellen Luthertums, die ein neues theologisches Begreifen der Kirche in ihrer Sichtbarkeit fordern. Seit dem frühen 19. Jahrhundert konzentriert sich die theologische Arbeit im konfessionellen Luthertum und im Neucalvinismus vorrangig auf ekklesiologische Problemstellungen und hier insbesondere auf die Frage nach der «sichtbaren Kirche». Dabei lässt sich eine signifikante Verschiebung gegenüber der altprotestantischen Dogmatik beobachten: Die konkrete Institutionalität der Kirche beziehungsweise ihr Amt lassen sich nicht mehr von der harmonischen Einbindung in die religiös fundierte Gesamtordnung des Gemeinwesens her thematisieren. So werden Probleme der Sozialgestalt der Kirche nun, zumindest dem Anspruch nach, im Zusammenhang der Explikation ihres theologischen Begriffs dargestellt. Dies bedeutet zugleich: Wo einst das Eingebundensein der Kirche in das Gemeinwesen entfaltet worden ist, wird nun gerade ihrer prinzipiellen Selbständigkeit gegenüber der Kultur Geltung zu verschaffen versucht. Zentrales Thema der konfessionellen Ekklesiologie des 19. Jahrhunderts ist die Autonomie der Kirche. Für diese im Neuluthertum und Neucalvinismus geführte breite Debatte gilt: Je religiös traditionalistischer und je politisch konservativer ein konfessioneller Theologe gewesen ist, desto stärker hat er die Selbständigkeit der Kirche im Gegensatz zur modernen Kultur dramatisiert und der Kirche eine neue gesamtkulturelle Führungsrolle, die Rolle der Überwindung der vielfältigen Krisen des Modernisierungsprozesses zuerkannt. Die breiten ekklesiologischen Kontroversen des 19. Jahrhunderts sind deshalb keineswegs nur Debatten über die Kirche. In ihrem Zentrum sind sie ein Streit über die Legitimität des krisenhaften Prozesses gesellschaftlicher Modernisierung und die Stellung der Kirche in diesem Modernisierungsprozess. Welches Ideal der Kirche ein Theologe konstruiert, hängt entscheidend davon ab, welches Bild der Sozialgeschichte der Neuzeit er hat. Ein wichtiges Merkmal aller ekklesiologischen Entwürfe des 19. und 20. Jahrhunderts ist: Im Medium der Kirchenlehre erfolgen Diagnose und Auseinandersetzung mit der eigenen Zeit.

Dazu vier Beobachtungen:

1) Je kritischer die Sicht der Moderne, desto mehr soll durch dogmatische Theorie die Selbständigkeit der Kirche theologisch begründet und gestärkt werden. Kirche wird dann zur Institution gelungener Gegenmodernität. Leitbegriff dieses modernitätskritischen Kirchenverständnisses ist der Begriff der Gemeinschaft, der primär von romantischen Traditionen her verstanden wird. In einer Welt von Konkurrenz und Konflikt soll nur die Kirche noch harmonische Gemeinschaft gewährleisten können.

2) Diese modernitätskritische Auslegung der Sozialgestalt der Kirche bringt einen Wandel der Funktion theologischer Begrifflichkeit mit sich. Gewonnen als Gegenfolie zum faktisch Gegebenen, werden die alten dogmatischen Begriffe der Theologie nun mit einem neuen empirischen Gehalt aufgefüllt: Sie suggerieren, dass die alten theologischen Qualitäten der Kirche in der empirischen Kirche ihre reale soziale Entsprechung haben. Genau in dem Maße, in dem dies suggeriert wird, verliert theologische Ekklesiologie aber den Realitätsgehalt, den sie intendiert. Es wird hier ein ideales Bild der Kirche projiziert, aber mit dem Anspruch, dies sei die innerhalb der empirischen Kirche erfahrbare Realität.

3) Infolgedessen gerät theologische Ekklesiologie aber unter den Zwang, alles das an der empirischen Kirche, was sich nicht mit dem dogmatisch konstruierten Idealbild deckt, zu leugnen oder aber theologisch auszugrenzen. In der Perspektive einer Ekklesiologie, die die Kirche als Ort gelungener Sozialität und perfekter Harmonie entwirft, erscheinen die Mehrdeutigkeit des Faktischen und vor allem reale Konflikte von vornherein als illegitim. Streit darf dann gar nicht mehr sein, und Grundelemente der religiösen Symbolwelt des Christentums, etwa Begriffe wie Nächstenliebe oder Brüderlichkeit und Schwesterlichkeit, werden nun zu Herrschaftsinstrumenten verfälscht: zu Instrumenten der Verschleierung von Interessengegensätzen, der Abblendung des Andersseins Andersdenkender und der Gleichschaltung von innerkirchlichen Minderheiten mit jenen, die das Monopol auf Definition gelungenen Christentums gepachtet zu haben beanspruchen. Die für die Volkskirchenkritik seit dem frühen 19. Jahrhundert grundlegende Beschwörung von Visionen einer besseren, gemeinschaftlicheren, schwesterlicheren und brüderlicheren Kirche hat immer auch eine problematische, die Freiheit des Einzelnen bedrohende Herrschaftskomponente: Sie kann auch dazu dienen, potentielle Abweichler gar nicht erst zu Wort kommen zu lassen und Kritik, Opposition und Meinungsfreiheit zu unterdrücken. Durch die Suggestion, in einer von Konflikten geprägten Gesellschaft sei gerade die Kirche ein konfliktfreier Raum vollkommener Brüderlichkeit und Schwesterlichkeit, werden also Vergemeinschaftungszwänge, deutlicher gesagt: der auf den Einzelnen ausgeübte Druck zur Anpassung an die anderen noch einmal verstärkt.

4) Weil der moderne Individualismus als Zersetzung tradierter Ordnung und Auflösung substantieller Gemeinschaftsbindungen wahrgenommen wird, wird die Kirche zur ethischen Avantgarde der Kultur stilisiert: Allein sie repräsentiere das wahre Modell menschlichen Zusammenlebens, brüderlich-schwesterliche Gemeinschaft. Um diesem Avantgardeanspruch der Kirche Geltung zu verschaffen, werden alte dogmatische Aussagen über das Heilswerk Gottes in Jesus Christus in ethische Qualitäten der sichtbaren Kirche umgeformt. Dafür ist bei-

spielsweise die Transformation des alten dogmatischen Lehrstücks vom dreifachen Amt Jesu Christi in die Vorstellung vom prophetischen Wächteramt der Kirche kennzeichnend: Der Kirche wird hier eine politische und kulturelle Handlungskompetenz zuerkannt, die allein ihr zukommen soll, so dass sie allen anderen gesellschaftlichen Kräften politisch wie moralisch prinzipiell überlegen ist. Im 19. Jahrhundert werden solche Ansprüche auf moralisch-politische Führung und Wegweisung des Gemeinwesens gerade von lutherischen Theologen erhoben, die sich als Anhänger des parteipolitischen Konservatismus engagieren (die konfessionellen Lutheraner sind keineswegs, wie häufig suggeriert wird, quietistisch und apolitisch gewesen!). Diese Lutheraner entwickeln dabei zugleich eine hohe innere Affinität zum römisch-katholischen Verständnis der Kirche. Denn der römisch-katholischen Ekklesiologie analog erkennen sie der Kirche nicht nur eine Dominanz über die Kultur zu, sondern fordern zugleich klare hierarchische Strukturen und die Eindeutigkeit von Autoritätsverhältnissen in der Kirche, die die Diffusität innerkirchlicher Meinungsvielfalt überwinden sollen.

3. Ich und Du, oder: Innere Gleichschaltung

In einem bestimmten Sinne ist der deutsche Protestantismus erst im 20. Jahrhundert zur konkreten Auseinandersetzung mit dem Prozess gesellschaftlicher Modernisierung genötigt worden. Die Revolution von 1918/19, die Etablierung der wesentlich aufgeklärt-liberalen und sozialdemokratischen Traditionen verpflichteten parlamentarischen Demokratie von Weimar, der mit dem unrühmlichen Ende der Monarchie verbundene Abschied vom «landesherrlichen Kirchenregiment» und die jetzt unausweichliche Trennung von Staat und evangelischer Kirche haben den Protestantismus der zwanziger Jahre dazu gezwungen, jene Autonomie der Kirche, die bisher immer nur erhofft und in theologischen Planspielen projektiert worden war, unter den

Bedingungen einer pluralistischen, politisch wie ökonomisch vielfältig zerklüfteten Klassengesellschaft konkret zu gestalten. Nie zuvor in der Geschichte des deutschen Protestantismus ist deshalb über die Sozialgestalt und verfassungsmäßige Ordnung der Kirche so intensiv diskutiert worden wie in den zwanziger Jahren.

Diese Diskussion ist nur von den widersprüchlichen soziokulturellen Rahmenbedingungen her verständlich: Auf der Ebene des politischen Systems bedeuten Revolution und parlamentarische Demokratie einen elementaren Modernisierungsschub, nämlich die verfassungsmäßige Durchsetzung der Säkularität und religiösen Neutralität des Staates sowie die Übernahme der Regierung durch republikanisch orientierte politische Kräfte wie Sozialdemokraten, Liberale und auch den politischen Katholizismus. Damit verbindet sich die Durchsetzung eines breiten Pluralismus von Interessengruppen und Verbänden. In Kultur und Wissenschaft aber treten – neben neuen modernistischen Strömungen – nun verstärkt modernitätskritische, antibürgerliche und antiliberale Bewegungen in den Vordergrund, deren durchaus avantgardistische Botschaft vom Ende der Neuzeit auf die Forderung hinausläuft, die frei sich tummelnden Individuen wieder unter einer bindenden Autorität zu vergemeinschaften. Zugespitzt formuliert: Politisch endlich mündig geworden, ist das bürgerliche Individuum in den zwanziger Jahren kulturell vorwiegend mit der Abschaffung seiner selbst beschäftigt. Dieser kulturelle Kontext – Polemik gegen Aufklärung und Idealismus, Subjektivitätskritik, neue neoromantisch-organologische Sozialmetaphysik wie etwa die Ich-Du-Philosophien und die Theorien des objektiven Geistes, Suche nach neuer bindender Autorität – prägt tiefgreifend auch die breite Ekklesiologie-Debatte im Protestantismus der zwanziger Jahre.

Diese Debatte ist in ihrem Kern der Versuch gewesen, den antipluralistischen Kirchenbegriff des Konfessionalismus des 19. Jahrhunderts noch einmal zu radikalisieren und so die Kirche zu einer Speerspitze im Kampf gegen die parlamentarische Demokratie, die religiöse Neutralität des Staates und den verhassten gesellschaftlichen Pluralismus – die politische Gleichberechtigung von Christen und Nicht-Christen, etwa von Kommunisten und Juden – zu machen. Pluralismusfähige Volkskirchenkonzepte sind nach 1918/19 nur noch von jener kleinen Minderheit liberalprotestantischer Universitätstheologen vertreten worden, die wie etwa Ernst Troeltsch, Martin Rade, Otto Baumgarten und Hermann Mulert konkrete politische Verantwortung für die neue parlamentarische Demokratie übernommen haben. Die Mehrheit der in Weimar tonangebenden protestantischen Theologen aber hat genau umgekehrt eine radikale Kritik an Liberalismus und Aufklärung vertreten und das liberale Bürgertum aus der Kirche auszugrenzen versucht – dies war Sinn und Ziel des von konfessionellen Lutheranern, Religiösen Sozialisten und Dialektischen Theologen gemeinsam geführten Kampfes gegen den sogenannten Kulturprotestantismus –, um so die Kirche als Gegenmacht gegen die neue politische Ordnung zu formieren. Entscheidend ist, dass es in diesem Kampf gegen Liberalismus und Bürgertum, gegen Parlamentarismus und gesellschaftlichen Pluralismus eine elementare Grundübereinstimmung zwischen der nationalistischen, auf die Rückkehr ins Kaiserreich fixierten protestantischen Rechten und der radikalen, auf die Überwindung der Weimarer Republik durch einen nachliberal sozialistischen Staat hoffenden protestantischen Linken gegeben hat. Zwar haben politisch radikal rechte und radikal linke Theologen, Dialektische Theologen und Repräsentanten des konfessionellen Neuluthertums (etwa Paul Althaus, Werner Elert und Emanuel Hirsch) durchaus gegensätzliche Theologien entworfen: Inhaltlich stimmen sie weder in der Auffassung des Christlichen noch in der parteipolitischen Konkretion ihrer Kritik an Aufklärung, Liberalismus und parlamentarischem Verfassungsstaat überein. Aber sie alle verstehen ihre jeweilige theologische und politische Position nicht als einen bloßen Standpunkt unter Standpunkten, sondern als eine absolute Position, die in der Kirche allgemeinverbindlich und ausschließlich gelten soll. In wichtigen Grundelementen weisen radikal linke und radikal rechte Theologien der zwanziger Jahre deshalb ein hohes Maß an Übereinstimmung auf: im Kampf gegen die liberale Theologie mit ihrem Vermittlungs- und Kompromissdenken, im antibürgerlichen Pathos, im Ruf nach unbedingter Entscheidung und in der Forderung nach einem neuen Bekenntnis, durch das man die eigene politisch-theologische Wirklichkeitsdeutung als in der Kirche allgemein verbindlich durchzusetzen sucht.

Dieser liberalismuskritische Grundkonsens spiegelt sich deutlich auch in Bonhoeffers *Sanctorum communio.* Der junge Bonhoeffer hat hier keineswegs nur eine Theorie der Sozialgestalt der Kirche entworfen, sondern Grundbegriffe einer «christlichen Soziologie» zu entwickeln versucht, die über religiöse Gemeinschaft und Kirche hinaus die sozialen Grundbeziehungen des Menschen insgesamt erfassen soll. Seine Dissertation ist für die Ekklesiologie-Debatte der zwanziger Jahre gerade deshalb repräsentativ, weil Bonhoeffer Christlichkeit mit der definitiven Verabschiedung des neuzeitlichen, aufgeklärten Subjektivitäts- und Autonomiedenkens identifiziert. Neuzeitliches Ich-Denken könne nicht zu wahrer, konkreter Gemeinschaft gelangen und bleibe einem Solipsismus verhaftet. Gegenüber solchem Atomismus und Individualismus, wie er insbesondere für den westlichen Rationalismus signifikant sei, insistiert Bonhoeffer darauf, dass menschliches Selbstbewusstsein und Bewusstsein des Eingebundenseins in eine Gemeinschaft gleichursprünglich seien, das Ich nur am Du entstehen könne und vor allem in der elementarsten Gemeinschaft des Menschen, seiner Gemeinschaft mit Gott, soziale Gemeinschaft immer schon mitgesetzt sei. Grundlegend für Bonhoeffers Kirchentheorie ist also die Entgegensetzung von Gemeinschaft und Gesellschaft. Mit Ferdinand Tönnies, einem der Gründungsväter der deutschen Soziologie im späten 19. und frühen 20. Jahrhundert, bestimmt er Gesellschaft als zeitlich befristeten Verband zweckrationalen Handelns, der nur vom jeweiligen Eigeninteresse der geistig völlig isolierten, geschichtslosen Einzelnen zusammengehalten werde. Demgegenüber ist Gemeinschaft wesentlich Lebensgemeinschaft mit Mitfühlen, Mitwollen, Mitverantwortlichsein und gegenseitigem inneren Interesse; sie ist heilig und prinzipiell unauflöslich. An dieser Typologie der Differenz von Gesellschaft und Gemeinschaft interessiert hier vor allem die These, nur eine Gemeinschaft, niemals aber eine Gesellschaft könne Kirche werden. Bonhoeffer vertritt also die Auffassung, dass die Kirche nicht nur ihrem theologischen Begriffe nach, sondern auch in ihrer sozialen Gestalt etwas völlig anderes als alle anderen sozialen Verbände und Institutionen ist. Zugleich verschärft er den schon im 19. Jahrhundert von konfessionellen Theologen erhobenen Anspruch, dass nur die Kirche gelungene Sozialität, die wahre Gestalt gemeinschaftlichen Zusammenlebens von Menschen darstellt und sie sich deshalb auch als normatives Modell der Ordnung anderer sozialer Verbände verstehen muss.

Bonhoeffers Versuch, eine eigene Sozialgestalt der Kirche theologisch zu begründen, lebt vom Bemühen darum, in theologischen Begriffen einen soziologischen Gehalt und in soziologischen Kategorien theologische Voraussetzungen zu entdecken. Dies führt dann freilich dazu, dass die Begriffe, mit denen er die besondere Gemeinschaftsstruktur der Kirche zu beschreiben versucht, fortwährend zwischen theologischer Normativität und sozialer Faktizität changieren. Dieses gefährliche Changieren lässt sich besonders deutlich am Geistbegriff zeigen. Kirche sei wie jede Gemeinschaft von einem personalen objektiven Geist bestimmt. Diese – in seiner Sicht – sozialanalytische, deskriptiv orientierte Aussage verknüpft Bonhoeffer dann mit dem alten pneumatologischen Lehrsatz, dass es das Werk des Heiligen Geistes sei, den sündigen Menschen zum gläubigen Christen zu machen. Zwar insistiert Bonhoeffer darauf, dass der Heilige Geist als dritte trinitarische Person, also der Geist der *sanctorum communio*, vom objektiven Geist der Kirche als konkreter Lebensgemeinschaft, das heißt vom Gemeingeist der empirischen Kirche, bleibend unterschieden sei und in ihm niemals aufgehe. Zugleich erklärt er den objektiven Geist der empirischen Kirche dann aber auch zum exklusiven Träger des Heiligen Geistes und betont, es gebe eine unsichtbare, nur im Glauben zugängliche Identität zwischen Heiligem Geist und objektivem Geist der Kirche als Institution. Damit wird ein Vergemeinschaftungsdruck erzeugt, der theologisch nicht mehr begrenzt werden kann. Denn schon für jede menschliche Gemeinschaft soll im Unterschied zu Gesellschaft gelten: Identität habe der Einzelne immer nur im Gesamtbewusstsein der Gemeinschaft. In der besonderen Gemeinschaft Kirche wird dieser Vergemeinschaftungsdruck dann aber so weit radikalisiert, dass hier auch die Innerlichkeit, das Herz des Einzelnen mit dem die Gemeinschaft tragenden Gemeingeist gleichgeschaltet ist: Indem der Heilige Geist dem Frommen unbedingte, vollkommene Gottesgemeinschaft gewährt, er dies aber allein durch den objektiven Geist der empirischen Kirche tut, fallen innere religiöse Bindung des Menschen und äußere Integration in die Kirche als Institution differenzlos zusammen. Glaube und Frömmigkeit sind in der Perspektive von Bonhoeffers Theorie der Sozialgestalt der Kirche also nicht mehr Medien einer letzten, prinzipiellen Unterscheidung des Menschen vom Gesamtzusammenhang welthafter Wirklichkeit bzw. von der Totalität der Gesellschaft. Vielmehr dienen sie, genau umgekehrt, wesentlich dazu, nun auch noch die Innerlichkeit des Menschen mit dem Gemeingeist der Kirche gleichzuschalten. Als exemplarische Institution, als Inbegriff gelungener Sozialität versteht Bonhoeffer die Kirche gerade deshalb, weil sie im Unterschied zu allen anderen kulturellen Institutionen auch die Innerlichkeit des Einzelnen, die traditionell als Inbegriff einer elementaren Unverfügbarkeit des Menschen galt, zu vergemeinschaften und gleichsam auf die «Seele» des Menschen durchzugreifen vermag. Bonhoeffers Kirchenkonzept, von ihm selbst in enger Anlehnung an seinen akademischen Lehrer und «Doktorvater» Reinhold Seeberg, einen führenden Repräsentanten des radikal modernitätskritischen und antidemokratischen lutherischen Sozialkonservatismus im frühen 20. Jahrhundert, entwickelt, lässt sich insoweit als eine durchaus konsequente Radikalisierung der lutherischen Ekklesiologie des 19. Jahrhunderts begreifen: Durch Theologisierung des objektiven Geistes wird nun selbst noch der potentiell anarchische, für die Stabilität jeder Institution bedrohliche Rest an individueller Unmittelbarkeit, wie er durch die Nichtverfügbarkeit der Innerlichkeit des Einzelnen symbolisiert wird, in die Institution aufgehoben. Irgendeine sozialpraktisch relevante Differenz zwischen Individuum und Institution kann dann theologisch gar nicht mehr gedacht werden. Damit ist auch schon die Gefährlichkeit dieses Modells der Kirche als Gemeinschaft bezeichnet: In genau dem Maße, wie eine Theorie der Kirche das fromme Individuum nicht auch als ein unverfügbares Anderes der Institution wahrzunehmen vermag, droht sie in ein tendenziell totalitäres Sozialkonzept umzuschlagen. Diese Faszination durch perfekte Gemeinschaft, durch unbedingte Harmonie und eine restlose Übereinstimmung von Individuum und Gemeinschaft ist für alle kritischen Gegenentwürfe zur Volkskirche als einer offenen Kirche kennzeichnend. In vielen Visionen der wahren Kirche lässt sich sehr viel von jenen utopischen Hoffnungen auf Totalvergemeinschaftung des Menschen entdecken, die in den antiliberalen politischen Bewegungen der Zwischenkriegszeit zu realisieren versucht worden sind. Wer Pluralismus ablehnt, will Homogenität. Müssen dann konsequenterweise nicht all jene Christen ausgegrenzt werden, die sich dem Zwang totaler Anpassung und gar der Gleichschaltung ihrer Seele widersetzen?

4. Streit um die Volkskirche, oder: Kritik der Homogenitätsträume

Der Gang durch das Ideenmuseum der protestantischen Kirchentheorie lässt für die Wahrnehmung der aktuellen Auseinandersetzungen um die Legitimität der Volkskirche erkennen: Theologisch gesehen ist in diesen Auseinandersetzungen nur eine einzige Frage von Interesse, nämlich die Frage, ob die real existierende Kirche eine Ordnung oder Sozialgestalt von Kirche darstellt, die den Vollzug des besonderen Mandats der Kirche prinzipiell ausschließt oder verhindert. Können in der Volkskirche das Evangelium nicht mehr verkündigt und die Sakramente nicht mehr ordnungsgemäß dargereicht werden? Orientiert man sich an den theologischen Legitimitätsstandards reformatorischer Theologie, dann muss dies die Kernfrage in allen Debatten über Reform der Kirchenstruktur und alternative Kirchenmodelle sein. Natürlich kann man die Ansicht vertreten, die Ordnung der Kirche, die wir haben, sei keine besonders effiziente Struktur zur Realisierung der Aufgabe der Kirche. Aber solche pragmatischen und organisationssoziologischen, gleichsam nur handlungstechnischen Fragen sind strikt von der theologischen Problemebene zu unterscheiden, also von der

Frage nach der theologischen Legitimität oder Illegitimität der Volkskirche. Diese Unterscheidung ist für alle Kirchenstrukturdebatten grundlegend. Sie ist mit Blick auf die aktuellen Auseinandersetzungen von besonderem Interesse, weil in den gegenwärtigen ekklesiologischen und kirchenpolitischen Kontroversen um die Volkskirche die Grenzen zwischen beiden Ebenen zumeist – von manchen auch gezielt – verwischt werden. Es ist aber ein prinzipieller Unterschied, ob man fragt: Erfüllt die Kirche, die wir haben, ihren theologischen Auftrag wirklich effizient?, oder ob man fragt: Wird die Kirche, die wir haben, den verbindlichen Kriterien von Kirchesein im Sinne der *Confessio Augustana* gerecht? Wird der Unterschied zwischen beiden Fragen verwischt, dann entsteht sehr schnell die Suggestion, als sei die existierende Volkskirche das von vornherein theologisch Illegitime. Dies ist aber keineswegs der Fall. Jene Kirchenmodelle, die in der gegenwärtigen Diskussion ausdrücklich als prinzipielle Alternative zur Volkskirche empfohlen werden, unterscheiden sich von der Volkskirche nicht durch ein höheres Maß an theologischer Legitimität – auch wenn ihre Vertreter dies im verständlichen Interesse von Produktwerbung häufig nahelegen. Auf die Frage «Ist die Ära der Volkskirche vorbei?» gebe ich deshalb eine erste Teil-Antwort: Die Ära der Volkskirche ist, was immer mit dem allzu schwergewichtigen Begriff der «Ära» gemeint sei, zumindest insofern noch nicht vorbei, als es keine theologisch legitimen Gründe dafür gibt, diese «Ära» gezielt zu beenden. Immer wieder haben nicht nur Vertreter des politischen Linksprotestantismus, sondern auch Repräsentanten evangelikaler Gruppen die Formel ausgegeben, die großkirchlichen Strukturen der «versiegenden und versagenden» Volkskirche zu zerschlagen. Theologisch legitim wäre diese Forderung aber nur unter einer Voraussetzung: unter der Voraussetzung des Nachweises, dass die real existierende Volkskirche nicht mehr Kirche im Sinne der Kirchenbestimmungen der reformatorischen Bekenntnisse sei. Sehe ich recht, dann ist im Streit um unsere Kirchenstruktur zwar viel verständliches Leiden an der Mehrdeutigkeit der Volkskirche formuliert, aber nirgends der Nachweis ihrer prinzipiellen theologischen Unwahrheit erbracht worden.

Die Frage nach dem möglichen Ende der Ära der Volkskirche ist deshalb keine theologische Frage. Sie ist allein eine soziologische Frage, eine Frage, die keineswegs nur die Stabilität oder Labilität der real existierenden Kirche, sondern zugleich die Stabilität unseres Gesellschaftssystems und unserer politischen Ordnung betrifft. Denn der Bestand der Volkskirche hängt nicht nur von ihr selbst ab. Soziologisch gesehen ist sie vielfältig in unsere Gesellschaft verwoben, und gerade diese Verflechtungen provozieren die an der Volkskirche vom politischen Linksprotestantismus wie von der evangelikalen Rechten immer wieder geübte Kritik. Elementar formuliert: Niemand ist ja nur Christ oder (Mit-)Glied der Kirche, sondern er ist zugleich auch Bürger der Bundesrepublik Deutschland und häufig auch Mitglied anderer gesellschaftlicher Verbände, etwa Mitglied einer Partei, eines Interessenverbandes oder auch nur eines Freizeitvereins. In Hinblick auf die Kirche bedeutet dies: Ihr Bestand hängt entscheidend auch von ihrer «sozialen Umwelt», von gesamtgesellschaftlichen Rahmenbedingungen ab.

Für die Analyse dieser Rahmenbedingungen seien exemplarisch vier soziale Grundfaktoren genannt:

1) Religion in der modernen Kultur. Die deutschen protestantischen Universitätstheologen sind im 19. und 20. Jahrhundert in ihrer Mehrheit entschlossene Kritiker des Prozesses gesellschaftlicher und politischer Modernisierung gewesen. Ihr Antimodernismus lässt sich als durchaus verständliche Reaktion auf die Erfahrung verstehen, dass die Kirchen seit Mitte des 19. Jahrhunderts ihre alte gesamtkulturelle Vormachtstellung eingebüßt haben. Im Prozess gesellschaftlicher Differenzierung haben die Kirchen zahlreiche Aufgaben, die sie in traditionellen Gesellschaften wahrgenommen hatten, an andere kulturelle Organisationen abgeben müssen, und die Rolle der Vermittlung von sittlichen Normen und ethischem Orientierungswissen müssen sie nun mit neuen gesellschaftlichen Großorganisationen, etwa den mit der Revolution von 1848 entstehenden politischen Parteien und Interessenverbänden teilen. Viele Pfarrer haben darauf verständlicherweise panisch reagiert: Wer verliert schon gern an Einfluss? Sie haben den Einflussverlust der Kirche dabei zumeist als Ausdruck eines generellen «Säkularismus» der modernen Gesellschaft gedeutet und die These vertreten, moderne Gesellschaften unterschieden sich von traditionellen Gesellschaften wesentlich dadurch, dass sie prinzipiell religionslos und atheistisch seien. Dies ist sozialgeschichtlich gesehen jedoch unzutreffend. Zwar versteht sich der moderne Verfassungsstaat als religiös neutral und verzichtet im Interesse von Toleranz und Bürgerfreiheit auf eine religiöse Begründung; er anerkennt eine vorstaatliche Religions- und Gewissensfreiheit seiner Bürger und erklärt Religion weithin zur Privatsache. Säkularisierung des politischen Systems und Privatisierung der Religion sind aber keineswegs gleichbedeutend mit einer generellen Religionslosigkeit moderner Gesellschaften. Die bei Theologen lange Jahre verbreitete Annahme, wir seien in ein «religionsloses Zeitalter» (Dietrich Bonhoeffer) eingetreten, ist empirisch nicht haltbar. Gewiss sind die alten Institutionen organisierter Religion, die Kirchen, nicht mehr die normativen Basisinstitutionen der Gesellschaft, und möglicherweise hat sich mit dem gesellschaftlichen Wandel auch Gestalt und Funktion von Frömmigkeit gewandelt. Doch sind die Menschen seit 1789, 1848 oder 1918/19 nicht zunehmend areligiöser geworden. Probleme der Sinndeutung des eigenen Lebens bleiben, und auch unter den Bedingungen einer modernen Gesellschaft muss jeder Mensch die Kontingenz seines Lebens bewältigen. Wenn Religion dazu einen entscheidenden Beitrag leistet, dann wird es auch über das 21. Jahrhundert hinaus noch Religion geben. Dass Religion im Prozess gesellschaftlicher Modernisierung gleichsam von selbst verschwinde, ist jedenfalls eine durch nichts belegte und empirisch vielfältig falsifizierbare Behauptung. Insoweit ist für die Zukunft von einem bleibenden Bedarf an religiösen Sinn- und Lebensdeutungsangeboten auszugehen. Eine ganz andere Frage ist es freilich, ob die beiden Großkirchen dazu imstande sein werden, diesen Religionsbedarf zu decken. Und noch einmal eine andere Frage ist es, ob die Kirchen und ihre Amtsträger diesen Religionsbedarf überhaupt decken wollen. Wenn sie dies wollen, dann muss die christliche Tradition so kommuniziert und vermittelt werden, dass sie in den vielfältigen Krisen des Lebens jeweils ein individuell plausibles Sinnangebot darstellt. Dass

Theologie und Kirche dieses Problem der Übersetzung der traditionellen christlichen Symbole in verständliche Sinndeutungsangebote schon zureichend gelöst hätten, wird man nicht behaupten können.' Für die Zukunft der Volkskirche wird es eine große Rolle spielen, ob Theologie und Kirchen in dieser zentralen Frage lernbereiter und sehr viel lernfähiger als bisher sind.

2) *Staat und Kirche.* Die Frage nach der Zukunft der Volkskirche hat auch eine rechtliche Dimension, wenngleich dies in den innerprotestantischen Kirchenstrukturdebatten notorisch ignoriert wird. Das Ende des landesherrlichen Kirchenregiments, allgemeiner gesprochen: das Ende der alten Staats- und Obrigkeitskirche in der Revolution von 1918/19 führte zur Trennung von Staat und Kirche. Anders als etwa in Frankreich und den USA wurde in der Weimarer Reichsverfassung die Trennung von Staat und Kirche jedoch nicht radikal, sondern im Sinne der sogenannten «hinkenden Trennung» durchgeführt; schon damals erklärte sich der Staat zu einer Privilegierung der Kirchen als Körperschaften des öffentlichen Rechts bereit. In der Bundesrepublik, in deren Grundgesetz die das Verhältnis von Staat und Kirche betreffenden Artikel der Weimarer Reichsverfassung übernommen worden sind, hat sich diese Tendenz zur partnerschaftlichen Zusammenarbeit von Staat und Kirche noch verstärkt. Auf dem Hintergrund der traumatischen Erfahrungen mit dem Totalitätsanspruch des nationalsozialistischen Einparteienstaates, hier konkret: mit dem Versuch des «totalen Staates», die Kirchen als öffentlich relevante Kräfte auszuschalten und eine «Entkirchlichung» des politisch-öffentlichen Lebens durchzuführen, ist diese Entscheidung für Kooperation von Staat und Kirchen 1949 von allen politischen Kräften – im Westen Deutschlands selbst von der KPD! – getragen worden. Zur bemerkenswerten politischen Stabilität der Bundesrepublik gehört es, dass diese Entscheidung auch heute noch von allen großen politischen Parteien mehrheitlich unterstützt, zumindest nicht öffentlich beklagt oder auch nur in Zweifel gezogen wird. Selbst die etablierte Anti-Establishment-Partei, die Partei der Grünen, hat dieses Thema bisher nur höchst behutsam aufgegriffen, wissen ihre parlamentarischen Repräsentanten doch, dass sie einen erheb-

lichen Teil ihrer Wähler aus kirchlichen, vor allem protestantischen Protestmilieus rekrutieren. Auch die Reformvorschläge, die derzeit in der FDP diskutiert werden, sind moderat zu nennen. Sie sind am Gebot des Grundgesetzes, genau: am Art. 140 in Verbindung mit Art. 1 Abs. 1 der Weimarer Reichsverfassung, orientiert, die «auf Gesetz, Vertrag oder besonderen Rechtstiteln beruhenden Staatsleistungen an die Religionsgesellschaften (...) durch die Landesgesetzgebung» abzulösen. «Die Grundsätze hierfür stellt das Reich auf» – also unter heutigen Bedingungen: der Bund. In der SPD hat sich im Herbst 2010 zwar ein laizistisches Forum von rund 400 Parteimitgliedern gebildet, das den Kirchen ob ihrer Privilegien den Weltanschauungskampf angesagt hat. Aber irgendeinen relevanten Einfluss auf die Kirchenpolitik der Sozialdemokratie hat diese Gruppe bisher nicht gewinnen können, so dass die empörte Aufregung mancher katholischer Bischöfe, allen voran des Freiburger Erzbischofs Robert Zollitsch, übertrieben erscheint. Und in CDU und CSU gibt es weiterhin sehr starke Kräfte, die auf Konservierung des staatskirchenrechtlichen Status quo setzen. Trotz mancher Anzeichen einer weiter abnehmenden Stabilität des gegebenen Fünfparteiensystems erscheint es wenig wahrscheinlich, dass sich die rechtlichen Rahmenbedingungen der Volkskirche, wie sie vor allem in den Staatskirchenverträgen festgelegt sind, in absehbarer Zukunft fundamental ändern werden.

Eine ganz andere Frage ist es freilich, ob auch die Kirchen auf Dauer noch an kooperativer Zusammenarbeit mit dem Staat interessiert sind. Für den deutschen Katholizismus wird man diese Frage bejahen müssen; denn Privilegien und staatsalimentierte Pfründe wirken auch korrumpierend, so dass selbst wertkonservative Bischöfe, die in großen Worten mehr Eigenständigkeit der Kirche gegenüber dem für sie allzu liberal gewordenen Staat einklagen – der Regensburger Bischof Gerhard Ludwig Müller etwa –, zentrale Elemente des überkommenen Staatskirchenrechts bewahren wollen. Für den Protestantismus dürfte eine Antwort schwieriger sein. Zwar wird das gegebene Staatskirchenrecht in den kirchlichen Funktionseliten und in den Kirchenadministrationen akzeptiert. Doch eine relevante Minderheit in der Pfarrerschaft sieht in der rechtlich abgestützten Kooperation mit dem Staate weniger eine Chance als vielmehr eine Belastung für ihre Kirche. Dadurch entsteht eine religionspolitisch paradoxe Lage: Eine enge Zusammenarbeit von Staat und Kirchen wird vor allem wegen der erhofften sozialdiakonischen Dienstleistungen selbst von jenen politisch wie finanziell unterstützt, die aus den Kirchen austreten; sie formieren sich, im Unterschied zur primär gesellschaftspolitisch motivierten Kirchenaustrittsbewegung vor dem Ersten Weltkrieg und in der Weimarer Republik, jedenfalls nicht als antikirchliche Partei oder als Protestbewegung gegen die vielfältige staatliche Unterstützung der Arbeit der Kirchen. Solcher Protest kommt in erster Linie vielmehr aus Kreisen der evangelischen Pfarrerschaft. Paradox ist dies insofern, als die Pfarrer faktisch zu den wichtigsten Nutznießern der partnerschaftlichen Zusammenarbeit von Staat und Kirchen gehören.

3) Bevölkerungsentwicklung und Kirchenmitgliedschaft. 1986 hat die Studien- und Planungsgruppe der EKD eine Studie über «Strukturbedingungen der Kirche auf längere Sicht» veröffentlicht. Auf dem Hintergrund sozialwissenschaftlicher Prognosen über die demographische Entwicklung der bundesdeutschen Bevölkerung ist in dieser Studie der Versuch unternommen worden, in verschiedenen Modellrechnungen mögliche Trends in der Entwicklung der Mitgliedschaftsstruktur der evangelischen Kirchen bis zum Jahre 2030 darzustellen. Innerhalb der Kirche und hier vor allem in der Pfarrerschaft hat dies erhebliche Unruhe ausgelöst. Doch gibt es weder Anlass zu dramatischen Krisenszenarios noch gar zu apokalyptischen Untergangsvisionen. Eher dürften fromme Gelassenheit und eine entschiedene Reformbereitschaft geboten sein. Sozialwissenschaftlich gesehen muss die EKD jedenfalls keine Angst um ihre Zukunft haben. Gewiss wird die Zahl der Protestanten in der Bundesrepublik weiter abnehmen. Doch selbst nach der für den Mitgliederbestand der EKD schlechtesten Modellrechnung, die von der Verstärkung aller für die Kirchenmitgliedschaft negativen Trends ausgeht, werden im Jahre 2030 ein Drittel der dann in der Bundesrepublik lebenden Menschen Mitglieder der evangelischen Kirche sein. Dies bedeutet gegenüber 1980, als 45 Prozent der Bundesdeutschen der EKD angehört haben, einen deutlichen Rückgang der Mitgliederzahlen. Doch sieht man die evangelische Kirche nicht isoliert, sondern nimmt sie in ihrem realen gesellschaftlichen Kontext, in ihren vielfältigen Verflechtungen mit ihrer sozialen Umwelt wahr, dann zeigt sich: Sie ist trotz vielfältiger Erosionstendenzen sehr viel stabiler, als es in einer rein binnenkirchlichen Perspektive den Anschein hat. Phänomene wie schlechter Gottesdienstbesuch und mangelnde Bereitschaft zum aktiven Engagement in der Gemeinde mögen Indikatoren einer Krise traditioneller Kirchlichkeit sein. Sie belegen aber nicht, dass wir generell auf dem Wege in eine nachchristliche Gesellschaft sind. Die praktische Distanz, die viele Protestanten gegenüber ihrer Kirche erkennen lassen, lässt sich angemessen nur im Zusammenhang des allgemeinen Verhaltens der Bürger gegenüber den großen Organisationen und Verbänden unserer Gesellschaft deuten. Vom Rückzug der Menschen aus der Öffentlichkeit ins Private und von einer nur noch selektiven Teilnahme und partiellen Identifikation der Mitglieder sind keineswegs nur die Kirchen, sondern auch alle anderen gesellschaftlichen Großorganisationen, insbesondere die Parteien, betroffen.

Was bedeutet der Rückgang der Mitgliederzahlen für die Ordnung und Sozialgestalt der evangelischen Kirche? In der gegenwärtigen Diskussion wird immer wieder die Hoffnung geäußert, die Kirche werde sich allmählich gesundschrumpfen und zu guter letzt nur noch aus jenem heiligen Rest bestehen, der immer schon ihren wahren Kern gebildet habe. Sozialwissenschaftlich gesehen dürfte diese Hoffnung als eine Illusion zu beurteilen sein. Auch eine schrumpfende Kirche wird von ihrer sozialen Struktur her bürokratische Anstaltskirche bleiben. Ein weiterer Rückgang der Mitgliederzahlen ist nicht gleichbedeutend mit einem Wandel der Kirchenstruktur von einer Anstaltskirche mit flächendeckender Organisation hin zu einer Freiwilligkeitsgemeinde hochengagierter Christen mit einem klar definierten Zugehörigkeitsbewusstsein. Vermutlich wird zwar das kirchenpolitische Gewicht fundamentalistischer Gruppen in der Kirche zunehmen. Doch werden diese Gruppen auch in der Kirche der Zukunft nur eine Minderheit sein. Denn die evangelische Kirche schrumpft nicht so dramatisch und rasant, dass sie keine gesellschaftliche Großorganisation mehr wäre. Wenn sie – im prognostisch ungünstigsten Modell – in zwanzig Jahren ein Drittel der Bevölkerung umfasst, ist sie noch immer eine ungleich größere gesellschaftliche Organisation als etwa die großen Volksparteien oder die Gewerkschaften. Die weit überwiegende Mehrheit ihrer Mitglieder dürfte auch dann noch von der Kirche erwarten, was sie schon jetzt von ihr erhofft: hohes diakonisches Engagement, konkrete Solidarität mit den Randgruppen unserer Gesellschaft, religiöse Betreuung für potentiell alle Kirchenmitglieder, Bildungsangebote und vor allem Lebenshilfe durch gezielte Pflege der überkommenen Kasualpraxis.

4) Die Pfarrer – Repräsentanten der Volkskirche. Weisen wichtige externe Faktoren wie Religionsbedarf, Staatskirchenrecht und Bevölkerungsentwicklung auf eine relative Stabilität der Volkskirche hin, gewinnt die Frage an besonderem Gewicht, inwieweit in der Kirche selbst die Volkskirche noch gewollt wird. So äußerst wichtig die externen Faktoren auch sind, die Zukunft der Volkskirche wird sich in erster Linie in ihr selbst entscheiden. Dabei kommt es vor allem auf die Pfarrer und die – in den kirchenpolitischen Kontroversen oftmals zu Unrecht vergessenen – Religionslehrer an. Denn sowohl in der Außenwahrnehmung anderer gesellschaftlicher Organisationen als auch in der Sicht der Kirchenmitglieder wird die religiöse Identität der Kirche wesentlich durch den Pfarrer repräsentiert.

Viele Pfarrer scheinen mit den komplexen, widersprüchlichen Rollenerwartungen, mit denen sie in ihrem Beruf unter volkskirchlichen Bedingungen konfrontiert werden, erhebliche Schwierigkeiten zu haben. Nur so lässt sich jedenfalls erklären, dass gerade Pfarrer es sind, die immer wieder ein Leiden an der Volkskirche artikulieren. So verständlich dies in Hinblick auf den Pfarrer als religiöses Individuum ist, so problematisch ist dies für die Volkskirche als Organisation. Denn eine Großorganisation, die gerade von ihren professionellen Repräsentanten abgelehnt wird, droht in eine Legitimationskrise zu geraten. Sie verliert zumindest an Glaubwürdigkeit. Dadurch wird dann die Tendenz noch einmal verstärkt, die real existierende Kirche zugunsten alternativer Kirchenmodelle oder Visionen einer ganz anderen Kirche abzulehnen.

So unterschiedlich die immer wieder diskutierten alternativen Kirchenmodelle auch sind – in der Beschreibung der Ordnung und Sozialgestalt der anderen, besseren Kirche weisen sie ein hohes Maß an Übereinstimmung auf. Sie sind alle Ausdruck der Hoffnung, wenigstens in der Kirche den modernen Individualismus wieder durch bindende Gemeinschaft ersetzen zu können. Der innerkirchliche Frömmigkeitspluralismus soll durch neue Homogenität überwunden werden. An die Stelle einer offenen, dadurch notwendig unbestimmteren und sozial diffuseren Kirche soll wieder eine geschlossene Kirche treten, die sich nicht nur durch hohes Engagement ihrer Glieder, sondern auch durch äußerst restriktiv gefasste Zugehörigkeitskriterien auszeichnet. In diesem Wunsch nach neuer Homogenität stimmen auch der politische Linksprotestantismus, der wesentlich von der bruderrätlichen Minderheit der «Bekennenden Kirche» und dem Linksbarthianismus der späten sechziger und siebziger Jahre geprägt ist, und der kirchenpolitisch ungleich einflussreichere evangelikale Protestantismus überein. So gegensätzlich die Theologien und Frömmigkeitspositionen sind, die die politische Linke und die in den letzten Jahren zunehmend politisierte evangelikale Rechte im deutschen Protestantismus wesentlich prägen – im Programm für die Überwindung der Volkskirche und die soziale Grundstruktur der neuen Kirche stimmt man überein. Diese erstaunliche Grundübereinstimmung zeigt sich etwa in der Tendenz, die eigene Frömmigkeitshaltung zu der innerhalb der Kirche allein legitimen zu erklären, im Versuch, die Diffusität der innerkirchlichen Meinungsvielfalt durch neue «Eindeutigkeit» zu überwinden, und schließlich in der Suche nach einem neuen nachindividualistisch kommunikativen christlichen Lebensstil. Linksprotestantismus und evangelikaler Protestantismus unterscheiden sich letztlich nur dadurch, wie sie die neue Eindeutigkeit, also die Homogenität und Geschlossenheit der Kirche, die sie durchzusetzen versuchen, jeweils inhaltlich füllen.

Wie sind die Durchsetzungschancen dieser Konzepte einer geschlossenen Kirche zu beurteilen? Auch wer unter den vielfältigen Erscheinungsformen distanzierter Kirchlichkeit, etwa dem mangelnden Kirchenbesuch vieler Protestanten leidet, wird bei einigem pragmatischen Realitätssinn zugeben müssen, dass hohes Engagement, Bereitschaft zu umfassender Bindung und gar eine unbedingte Identifikation mit allen Äußerungen der Kirche immer nur Sache einer Minderheit sein dürfte. Angesichts des hohen Grades an Differenzierung und Pluralisierung der Gesamtgesellschaft ist nüchtern davon auszugehen, dass auch innerhalb der Kirche ein vom modernen Individualismus geprägter Frömmigkeitsstil und Distanz gegenüber allzu großer Vereinnahmung durch die «Amtskirche» vorherrschend bleiben werden. Der an umfassender Gemeinschaftsbindung, gar an Totalvergemeinschaftung orientierte Frömmigkeitsstil, der linke wie rechte fundamentalistische Gruppen im deutschen Protestantismus miteinander verbindet, ist, sozialgeschichtlich gesehen, nur sehr eingeschränkt verallgemeinerungsfähig. Damit ist weder das Existenzrecht solcher fundamentalistischer Gruppen negiert noch gar über die theologische Legitimität ihrer Kirchenkonzepte entschieden. Doch muss man die von hohem Vergemeinschaftungsdruck ausgehende Gefährdung der real existierenden Volkskirche sehen. Übermäßiger Homogenitätsdruck führt in Hinblick auf die Kirche insgesamt nicht zu engerer Gemeinschaft, sondern wirkt genau umgekehrt desintegrativ: Je enger man die Bedingungen der Teilhabe an der Gemeinschaft der Kirche definiert, desto mehr Protestanten muss man aus der Kirche ausgrenzen. So kommt es für den Bestand der Volkskirche entscheidend darauf an, sich der naheliegenden Suggestion zu verweigern, als verträten nur fundamentalistische Gruppen einen wahrhaft christlichen Lebensstil. In genau dem Maße, wie Gruppen innerhalb der Kirche einen Monopolanspruch auf Auslegung des Christlichen erheben und ihre eigene Frömmigkeitspraxis für allein legitim erklären, wird Kirche nicht aufgebaut, sondern zerstört.

Entsprechendes gilt bezüglich der Vision einer politisch geschlossenen Kirche. Auch politische Homogenitätsprogramme haben soziologisch gesehen keine Chance auf Durchsetzung. Die immer wieder erhobene Forderung, die Kirche solle zu den globalen Krisen des Hungers in der Dritten und Vierten Welt, zu Kriegen, Völkermord und der Ausbeutung der Natur «eindeutig» Stellung nehmen, ist angesichts der hohen moralischen Relevanz und politischen Brisanz dieser Themen durchaus verständlich. Aber solche Eindeutigkeit könnte es innerhalb der Kirche nur dann geben, wenn es sie auch in der Gesellschaft insgesamt gäbe. Warum sollen gerade die Protestanten, die verschiedenen Gruppen innerhalb der evangelischen Kirche zu einer Übereinstimmung in politischen Problemen fähig sein, derer die Gesellschaft ansonsten entbehrt? Natürlich kann man auf diese Frage durch Beschwörung der Hoffnung antworten, wenigstens die Christen müssten in einer von Konflikt, Interessengegensätzen und Widersprüchen geprägten Welt doch zu einer einheitlichen Meinungsbildung imstande sein. Aber diese Antwort kann das entscheidende Problem nicht überdecken: Faktisch sind die Protestanten in allen grundlegenden politischen Gestaltungsfragen schon seit dem frühen 19. Jahrhundert genauso gespalten wie andere gesellschaftliche Organisationen, ja wie die Gesellschaft insgesamt. Ein wirklichkeitsgerechtes Verständnis der Kirche und ihrer politischen Aufgabe muss diesem innerkirchlichen politischen Pluralismus Rechnung tragen. Wo dieser Pluralismus von vornherein für illegitim erklärt und die jeweilige Mehrheitsposition zur einzig christlichen Position stilisiert wird, wird innerhalb der Kirche politische Herrschaft erzeugt, die nicht mehr begrenzt werden kann. Eine Kirche, die dem Ideal politischer Homogenität folgte, wäre eine Organisation der Unfreiheit: Weil sie keine Mechanismen kennt, aufgrund derer sie jeweilige Minderheiten als prinzipiell gleichberechtigt und deren Positionen als legitim christlich anzuerkennen vermag, muss sie diese Minderheiten entweder unterdrücken oder aber aus der Kirche ausgrenzen. Dies wäre gewiss kein Fortschritt, sondern ein deutlicher Rückschritt gegenüber dem die Kirche heute prägenden relativ offenen Diskursstil. Will die Kirche nicht von vornherein das für moderne offene Gesellschaften kennzeichnende Freiheitsniveau unterbieten, muss sie also dem Pluralismus politischer Positionen Raum geben. Damit wird die Kirche keineswegs unpolitisch. Aber die Wahrnehmung eines politischen Mandats ist in erster Linie Sache der Christen als Bürger.

So verständlich die Sehnsucht nach größerer sozialer Homogenität, mehr Gemeinschaft, dem Ende der Interessenkämpfe und einem Leben ohne Konflikte auch ist – die Realisierung solcher perfekten Harmonie wäre gleichbedeutend mit der Abschaffung des Individuums. Wer individuelle Freiheit, eine letzte Unverfügbarkeit, Gottunmittelbarkeit des Einzelnen für theologisch legitim hält, muss auch Konflikte, eine Konkurrenz theologischer Weltdeutungen und einen Pluralismus von Frömmigkeitsstilen als konstitutive Elemente der Kirche anerkennen. Individuelle Freiheit ist in einem elementaren Sinne die Freiheit dazu, die Wirklichkeit der Welt noch einmal anders als andere zu sehen und dieser abweichenden Sicht durch Kritik der herrschenden Meinung und durch Auseinandersetzung mit anderen Positionen Geltung zu verschaffen. Wo hoher Vergemeinschaftungsdruck erzeugt wird, ist für solche Freiheit kein Raum mehr. Die Zukunft der Volkskirche dürfte deshalb entscheidend davon abhängen, inwieweit sie den von ihren fundamentalistischen Gruppen immer neu erzeugten Vergemeinschaftungsdruck zu begrenzen vermag.

«Philisterglaube»: Wie bürgerlich darf das Christentum sein?

«Ich bin ein Bürgerlicher, und ich bin stolz darauf es zu sein», hat David Friedrich Strauß 1872 bekannt. Der Theologe, der durch historisch-kritische Exegese zum Gegner des kirchlichen Christentums wurde, verfügte über einen klaren Begriff von Bürgerlichkeit. Ein gebildeter Bürger glaube an Fortschritt durch Wissenschaft und technische Weltbeherrschung. Er suche sein Heil nicht mehr im Jenseits, sondern gestalte das Diesseits als Paradies innerweltlicher Versöhnung. Der moderne Bürger brauche keine Religion mehr. Zwar blieben die Erfahrungen von Leid und Tod unausweichlich. Doch könnten diese Kontingenzerfahrungen mit Kunstgenuss, etwa durch Konzertbesuche und Lektüre «unserer großen deutschen Dichter», kompensiert werden. In pathetischen Worten beschwor der kritische Bürgertheologe Strauß die Erlösungskraft von Kunst und Wissenschaft. Bei vielen deutschen Bildungsbürgern, etwa bei Rechtsanwälten, Ärzten, Naturwissenschaftlern und Technikern, fand er im späten 19. und frühen 20. Jahrhundert damit begeisterte Zustimmung.

Strauß' kulturseliger «Philisterglaube» (Friedrich Nietzsche) war nur eine von vielen Religionen deutscher Bürger. Weder teilten gebildete Bürger denselben Glauben, noch hatten sie einen einheitlichen Bildungskanon. Selbst ein relativ geschlossener bildungsbürgerlicher Stand wie die evangelische Pfarrerschaft war in Kulturidealen, Frömmigkeitsstil und moralischem Habitus tief gespalten. Kulturprotestantisch liberale Pfarrer wollten individuelle Frömmigkeit mit kritischer Rationalität und modernem Bildungsglauben verbinden. Ihre pietistisch-konservativen Amtsbrüder, die häufig aus mittelständischen Sozialmilieus oder aus Pfarrhäusern kamen, sahen in historisch-kritischer Universitätstheologie und religiöser Stärkung liberaler Kulturwerte nur einen Angriff auf Evangelium und Kirchenlehre. So ist die numerisch relativ kleine, aber einflussreiche Gruppe der evangelischen Pfarrer ein wichtiges Beispiel dafür, wie zersplittert und heterogen das deutsche Bildungsbürgertum war. Wegen dieser inneren Fragmentierung des deutschen Bürgertums gibt es keine einfachen Antworten auf die Leitfrage: «Wie bürgerlich darf das Christentum sein?»

Seit den frühen achtziger Jahren bildet das deutsche Bürgertum ein zentrales Forschungsfeld von Sozial- und Kulturhistorikern in Deutschland. Keine andere soziale Formation der modernen bürgerlichen Gesellschaft ist in den letzten Jahren vergleichbar intensiv erforscht worden. Zahlreiche sozialhistorische Analysen einzelner bürgerlicher Professionen sowie kulturhistorische Studien über akademisch patentiertes Bildungswissen, besondere Wertorientierungen von Bürgern und Prozesse kultureller Vergesellschaftung haben das Bild des deutschen Bürgertums tiefgreifend verändert. Diverse jüngere Studien zur Religionsgeschichte des Kaiserreichs haben zudem neue Perspektiven auf die religiösen Diskurse im wilhelminischen Bürgertum und die konfessionsspezifischen Identitätskonstruktionen protestantischer, katholischer und jüdischer Bürger eröffnet. Besondere Aufmerksamkeit haben dabei die vielfältigen Wechselwirkungen zwischen Protestantismus und Bürgertum gefunden. Zwar bildete sich seit dem frühen 19. Jahrhundert in einzelnen deutschen Territorien, etwa im Rheinland, ein selbstbewusstes katholisches Bürgertum. Doch wurden das deutsche Wirtschafts-, Dienstleistungs- und Bildungsbürgertum primär durch protestantische Traditionen geprägt. Der Protestantismus galt als die modernere, freiheitlichere und bürgerliche Gestalt des Christentums, wohingegen der Katholizismus mit einer überkommenen, feudal-ständischen «mittelalterlichen» Welt verbunden wurde. Viele Bürger und Bürgerinnen schätzten den Protestantismus, weil in der reformatorischen *libertas christiana* die religiöse Mündigkeit des einzelnen Christen auch gegenüber der kirchlichen Institution durchgesetzt worden war. Im Protestantismus sahen sie christlichen Glauben und individuelle Persönlichkeitsbildung harmonisch verbunden. Hier war eine selbstbestimmte und prinzipiengeleitete Lebensführung als Inbegriff gelungenen Christseins legitimiert worden.

Die historische Nähe zwischen Protestantismus und Bürgertum lässt sich an den kulturellen Normen verdeutlichen, mit denen sich das Bürgertum gegen den Adel und seit dem Vormärz dann auch gegen das neue Industrieproletariat abgrenzte. Bürger wollten besonders fleissige, disziplinierte Menschen sein. Über die gesellschaftliche Position des Einzelnen sollten nicht mehr zugeschriebene Merkmale wie Stand, familiäre Herkunft oder Geschlecht entscheiden, sondern allein die individuelle Leistung. Im «bürgerlichen Wertehimmel» (Manfred Hettling) waren Leistungsaktivismus, Fleiss und Pflichtbewusstsein zentrale Fixsterne. Zu einer erfolgsorientierten Lebensführung gehörten unverzichtbar rationale Selbstkontrolle, Zähmung der Leidenschaften, Bereitschaft zu Askese, Ordnungssinn und strenge Orientierung an selbstgewählten moralischen Prinzipien. Voraussetzung einer solchen leistungsaktiven, moralisch disziplinierten Lebensführung war ein hohes Maß an Sachbezogenheit und fachlicher Kompetenz. Als ideale Norm und kulturelle Praxis war Bürgerlichkeit deshalb eng verbunden mit der Idee der Selbstbildung zur Persönlichkeit. Über bloße Erziehung und den Erwerb kultureller Techniken hinaus sollten Bürger und Bürgerin sich zu einem autonomen Individuum bilden. Sie sollten nicht mehr blind der Tradition oder den Vorgaben einer Institution, etwa der Kirche, sondern allein der eigenen vernünftigen Einsicht und den frei gewählten moralischen Prinzipien folgen. Für eine bürgerliche Lebensführung waren deshalb, zumindest dem normativen Ideal nach, der Erwerb von Bildungswissen sowie die permanente Arbeit an sich selbst kennzeichnend. Bürger standen unter dem selbst auferlegten Zwang, sich «eifrig strebend» zu «bemühen».

Seit den klassischen Protestantismus-Studien eines Max Weber und Ernst Troeltsch diskutieren Kulturhistoriker die Frage, inwieweit sich diese spezifisch bürgerlichen Kulturnormen als Transformation protestantischer Ethik deuten lassen. Die Forscher stimmen darin überein, dass der in Pietismus und Aufklärung sich bildende «Neuprotestantismus» die Durchsetzung bürgerlicher Mentalität in Deutschland entscheidend förderte. Rationalisierend wirkte der Protestantismus gerade in seiner Frömmigkeitskultur: Er kultivierte den Vorrang des Wortes vor dem sinnlichen Zeichen, des Ohres vor dem Bilde, der Musik vor den darstellenden Künsten. Indem er jeden einzelnen Christen an die Heilige Schrift wies, wertete er das Lesen und – durch Lektüre vermittelte – Bildung und Wissenschaft auf. Da er, gegen die nur ritualistische und laxe, äußere Frömmigkeitspraxis vieler Katholiken, den «weltlichen Beruf» zum wahren Gottesdienst des Christen erklärte, förderte er die Durchsetzung eines moralischen Habitus von Selbstzucht, Entsagung und Leistungssteigerung. Askese und Selbstbildung wurden in den kulturprotestantischen Frömmigkeitswelten sakralisiert. Mit dieser religiösen Rationalisierung der Lebensführung war protestantische Weltfrömmigkeit eine entscheidende Triebkraft bei der Durchsetzung bürgerlicher Kulturnormen.

Das 20. Jahrhundert war ein Jahrhundert katastrophaler politischer Gewaltausbrüche, mit ideologischen Bürgerkriegen und globalen Kämpfen um den Bestand der liberal-parlamentarischen Demokratie. Wer dieses «Jahrhundert der Extreme» (Eric Hobsbawm) bilanzierend würdigt und dabei auf das deutsche Bürgertum zurücksieht, darf keine Siegesgeschichte schreiben. Seit den achtziger Jahren des 19. Jahrhunderts lässt sich eine schnelle Erosion bürgerlicher «Kulturwerte» beobachten. Je mehr die sozialen Folgekosten der kapitalistischen Umformung der Wirtschaft und die vielen Schattenseiten der dramatisch schnellen Modernisierung von Technik, Industrie und Verkehrswesen sichtbar wurden, desto stärker flüchteten sich viele deutsche Bürger in neue bergende Integrationsideologien, in denen alte bürgerlich-liberale Normen wie Mündigkeit, rationale Selbstbestimmung und Sachbezogenheit hinter neue Gemeinschaftswerte wie Volk, Nation und starker Staat zurücktraten. Um 1900 empfanden es viele Bürger als unmöglich, noch im Sinne der überlieferten Freiheitsorientierungen ein bürgerliches Leben zu führen. Auf den expandierenden Märkten der Kultur hatten sie ihre Vormachtstellung verloren. Auch in den Bildungsinstitutionen sahen sie sich nun vielfältiger Konkurrenz ausgesetzt. In der evangelischen Kirche gaben zunehmend alte konservative Kräfte, Kleinbürger und neue antibürgerliche Gruppen den Ton an. Viele Zeitdiagnosen von Bildungsbürgern um 1900 waren deshalb auf den Grundton von Krise, Verfall und Niedergang bürgerlicher Kultur gestimmt.

Kennzeichnend für ihre Erfahrungen «kultureller Enteignung» (Dieter Langewiesche) ist eine Analyse der «Zersetzung des Bürgertums», die der liberalprotestantische Neutestamentler Martin Dibelius wenige Monate vor der sogenannten «deutschen Revolution» der Nationalsozialisten im Heidelberger Salon der Frauenrechtlerin Marianne Weber, der Witwe Max Webers, vortrug. Schonungslos beschrieb er den durch die Kriegsniederlage und die Inflation verschärften ökonomischen Niedergang des Bürgertums sowie dessen «geistige Selbstaufgabe». Der Aufstieg des Nationalsozialismus erkläre sich auch dadurch, dass große Gruppen des protestantischen Bürgertums das Vertrauen in die eigene kulturelle Gestaltungskraft verloren hätten und in der Kirche keine Institution zur Verteidigung bürgerlich-liberaler Freiheit mehr hätten. Der Protestantismus habe «in Deutschland eigentlich die Bedeutung gesicherter Bürgerlichkeit (gehabt), und mit der Zersetzung dieser bürgerlichen Sicherheit ist die ganze protestantische Lebensgestaltung ins Wanken geraten». Da die evangelische Kirche den Bürgern keine Angebote geistiger Selbstbindung und freier Selbstbildung mehr biete, gebe sich das Bürgertum politisch auf. «Die Geistigen unter den Bürgerlichen waren sonst gewohnt, sich Lebensweisung und politische Losung selbst zu erarbeiten. Heute flüchten sie in den Schutz der großen politischen Verbände des rechten oder linken Radikalismus. (...) Sie wollen nicht mehr gefragt, sie wollen kommandiert sein; sie wollen nicht diskutieren, sondern demonstrieren.» Dibelius beschrieb den Sieg der neuen antibürgerlichen Bewegungen, insbesondere des Nationalsozialismus, als eine kulturelle Revolution, die tiefgreifend auch den Protestantismus verändere. Da in der evangelischen Kirche antibürgerliche Strömungen zunehmend an Einfluss gewonnen hätten, werde die Kirche enger, kleinbürgerlicher, spießiger. Der Zerfall bürgerlicher Kultur habe eine massive Einschränkung der gesamtkulturellen Prägekraft und politischen Wirkungsmöglichkeiten der evangelischen Kirche zur Folge. Indem die wichtigste soziale Trägerschicht protestantischer Frömmigkeitskultur sich auflöse, würden die Protestanten politisch zur Minderheit. Einer Kirche, die die versprengten sozialen Restgruppen des Bürgertums nicht sammeln könne, gab der Heidelberger Neutestamentler keine großen kulturellen Wirkungschancen. Nach dem katastrophalen Ende der nationalsozialistischen Diktatur setzte er seine Hoffnungen auf eine Rekonstruktion liberaler Bürgerkultur, die Erneuerung kulturprotestantischer Traditionen und eine offene evangelische Volkskirche, die auch die kirchlich Distanzierten integrieren könne.

«*Das* Christentum» gibt es nicht. Der Begriff «*das Christentum*» entstand erst im Zusammenhang der Aufklärung, um jenseits der konfessionellen Trennlinien Gemeinsamkeiten zwischen allen Christen zu betonen. Zugleich hatte der Begriff eine kirchenkritische Komponente: Wer vom «Christentum» sprach, wollte deutlich machen, dass christlicher Glaube mehr und anderes ist als die Lehrgebäude der Kirchen oder die Weisheiten der Fachtheologen.

Im 20. Jahrhundert sind viele dogmatische Grenzen überbrückt worden, die die christlichen Konfessionskirchen traditionell trennten. Doch sind zugleich neue Grenzlinien bewusst geworden. Alle großen religiösen Organisationen sind seit den sechziger Jahren durch einen neuen Pluralismus der ethischen Einstellungen und religiösen Grundorientierungen geprägt. Neben die überkommenen konfessionellen Außengrenzen sind zunehmend interne Differenzierungen getreten. Die einzelnen Gruppen in den Kirchen pflegen sehr unterschiedliche Frömmigkeitsstile und definieren sich über konkurrierende theologische Deutungen der protestantischen Überlieferung. Viele jener religiösen Haltungen, die um 1900 noch gegen das kirchliche Christentum gelebt wurden oder nur am Rande der Kirche Platz hatten, sind inzwischen in der Kirche selbst zu Hause und werden von kirchlichen Verlagen – empfohlen sei ein Blick ins Claudius-Programm – popularisiert. Gegensätze in Theologie und Frömmigkeit sind dabei eng verbunden mit soziokulturellen Differenzen, mit Unterschieden von Sozialmilieu und Lebensstil. Insoweit spiegelt der religiös-theologische Pluralismus in der Volkskirche die sozialstrukturelle Vielfalt einer Gesellschaft, die durch neue Schübe kultureller Differenzierung und eine zunehmende Individualisierung der Lebensstile gekennzeichnet ist.

Trotz der unübersehbaren Erosion des Bürgertums als sozialer Schicht haben bürgerliche Normen eine erstaunliche Orientierungskraft bewahren können. Die politische Revolution von 1989 hat in Osteuropa «Zivilgesellschaften» entstehen lassen, die sich in politischer Verfassung und ethischer Grundorientierung an bürgerlich-liberale Traditionen anschliessen. Phänomene einer Renaissance der Bürgerlichkeit lassen sich auch in vielen westeuropäischen Gesellschaften beobachten. Angesichts des schnellen, als krisenhaft erfahrenen sozialen Wandels entfalten Normen wie Mündigkeit, Leistungsaktivismus und Selbstbildung eine hohe Orientierungskraft. Die rapide Globalisierung der Ökonomie hat zudem einen Habitus rehabilitiert, den Thomas Mann, ein klassischer Repräsentant des kirchendistanzierten Bildungsprotestantismus, als «modern-heroische Lebensform und -haltung des überbürdeten und übertrainierten, ‹am Rande der Erschöpfung arbeitenden› Leistungsethikers» charakterisierte. Dass dieses «bürgerliche

Heldentum» eine ambivalente Erscheinung ist, bedarf keiner Erläuterung.

Der Individualisierung der Lebensstile und den Autonomieansprüchen vieler Mitglieder zu entsprechen, fällt der evangelischen Kirche als Organisation schwer. Regressive Sehnsüchte nach einer konfliktfreien, harmonischen Gesellschaft und die Erblast autoritären Gemeinschaftsdenkens führen bei vielen Theologen dazu, in Individualisierungsphänomenen bloß sündhaften Freiheitswahn und eine Auflösung substantieller Sittlichkeit zu sehen. Protestanten sollten jedoch nicht vergessen, dass am Anfang aller modernen Individualisierung Luthers Reformation, der Protest des frommen Einzelnen gegen eine allmächtige kirchliche Institution, stand.

Die Frage «Wie bürgerlich darf das Christentum sein?» stellt sich zu Beginn des 21. Jahrhunderts nicht als Frage nach der Integration einer homogenen sozialen Schicht («*des* Bürgertums») in die Kirche. Nostalgische Beschwörungen kulturprotestantischer Synthesen von evangelischer Christlichkeit und bürgerlichem Lebensstil helfen nichts. Geboten ist nüchterne Bestandsaufnahme. Es geht im Kern darum, inwieweit die Kirche als Organisation der Vielfalt protestantischer Frömmigkeitsformen gerecht zu werden vermag. Religion hat weiterhin hohe soziale Relevanz, und bürgerliche Bildungskultur hat sich vielfältig regeneriert. Aber die evangelische Kirche tut sich schwer damit, der neuen Vielfalt protestantischer Religiosität in ihren Angeboten zu entsprechen. Ihre religionskulturelle Prägekraft und ihr politischer Einfluss dürften entscheidend davon abhängen, sich als individualitätsfähig zu erweisen und unterschiedlichen christlichen Bedürfnissen mit einer differenzierten Religionspraxis zu begegnen. Dazu gehören Flexibilität, Offenheit und die Bereitschaft, sich konstruktiv zur eigenen Herkunftsgeschichte zu verhalten.

Siebente Untugend: Sozialpaternalismus

Diakonie und Caritas: Besitzstandsagenturen in der Ideenkonkurrenz

Viele prominente Repräsentanten der EKD und des Diakonischen Werkes haben seit den sechziger Jahren des letzten Jahrhunderts immer wieder betont, mit dem alten lutherischen Obrigkeitsglauben gebrochen zu haben und durch neue theologische Theoriebildung, vor allem unter dem Einfluss Karl Barths und Dietrich Bonhoeffers, eine prinzipielle Offenheit für die moderne parlamentarische Demokratie und die pluralistische Bürgergesellschaft gewonnen zu haben. Die traumatischen Erfahrungen des Nationalsozialismus und die Einsicht in die mangelnde Resistenz der protestantischen Kirchenmilieus hätten tiefgreifende Neuorientierungen der Sozialethik provoziert. Ist diese kirchenprotestantische Selbstwahrnehmung zutreffend? Hat der deutsche kirchliche Protestantismus in der Sozialethik und in der Ethik politischer Verantwortung seit 1945 tatsächlich so viel Neues gelernt, wie viele seiner führenden Repräsentanten gern behaupten? Oder ist die eher konservative Staatsgläubigkeit und korporatistische Gemeinwohlrhetorik des 19. und frühen 20. Jahrhunderts in den kirchlichen Funktionseliten bloß neu definiert und etwa nach links hin, zu Gunsten der Sozialdemokratie, umgepolt worden? Wer die sozialpolitischen Verlautbarungen aus gut sechzig Jahren Geschichte der EKD und den Sozialstaatsdiskurs in den Gremien des Diakonischen Werkes bilanziert, kann erstaunliche Kontinuitätslinien zum alten autoritären Sozialpaternalismus entdecken. Noch immer denken viele Kirchenfunktionäre, Diakonievertreter und akademische Sozialethiker im deutschen Protestantismus primär vom Staat her. Für die Lösung gesellschaftlicher Probleme nehmen sie vorrangig einen starken Sozialstaat in die Verantwortung. Die Eigenverantwortung der Individuen und die Selbstorganisationskräfte der Zivilgesellschaft treten im protestantischen Sozialdiskurs demgegenüber zurück.

Unter modernen Bedingungen agiert die Diakonie zunehmend auf europäischen Sozialmärkten, die durch wachsende Konkurrenz bestimmt sind. Zwar haben Diakonie und Caritas in der Bundesrepublik noch immer eine äußerst privilegierte Stellung. Im deutschen Korporatismus werden sie von den Sozialstaatsbürokratien als altbekannte und besonders intime Partner geschätzt, die dank massiver staatlicher Vorzugsbehandlung – dem seit Beginn der sechziger Jahre rechtlich garantierten Vorrang der freien gemeinnützigen Sozialdienstleister gegenüber öffentlichen Akteuren – über bemerkenswert hohe Transferleistungen verfügen können. Aber dieser Zustand wird sich bald ändern. Denn die fortschreitende Europäisierung auf rechtlicher Ebene ermöglicht es vielen neuen privaten Anbietern von Sozialleistungen nun verstärkt, zu den überkommenen Trägern der freien Wohlfahrtspflege effektiv in Konkurrenz zu treten. Die tiefe Krise alter Institutionen des deutschen Sozialstaatsmodells ist allen bekannt. In dieser dramatischen Krisensituation – man denke nur an die besorgniserregende Staatsverschuldung und die Finanznöte insbesondere der Kommunen – gibt es nicht nur eine sich verschärfende Konkurrenz im Hinblick auf knappe öffentliche Güter oder erfolgreiche, weil den Wünschen der Kunden entsprechende soziale Dienstleistungen. Ökonomen haben in den letzten Jahren betont, dass in Zeiten von Krise und fälliger Reform sich verstärkt auch die «Konkurrenz auf dem Gebiete des Geistigen» (Karl Mannheim) bemerkbar macht. Dem elementaren Streit darum, wer für bestimmte Probleme hilfreiche, optimale Lösungen anzubieten vermag, der Konkurrenz auf Finanz-, Güter- und Dienstleistungsmärkten also, geht immer ein Wettstreit um die klügeren Einfälle, besseren Ideen und klareren Konzepte voraus. Ich halte diese Einschätzung des hohen Gewichts der «Ideenkonkurrenz» für zutreffend. Deshalb sehe ich meine Aufgabe als theologischer Ethiker darin, der evangelischen Kirche und der Diakonie in der Ideenkonkurrenz um die besten sozialpolitischen Lösungen Orientierungsangebote zu unterbreiten. Ob Vorschläge von Theologen-Intellektuellen in Kirche und Diakonie gern gehört werden, ist eine ganz andere, wohl eher skeptisch zu beantwortende Frage. Im Verhältnis zu mächtigen Großorganisationen sind Intellektuelle immer in einer recht schwachen Rolle. Aber sie können Kritik an Fehlorientierungen formulieren, Traditionen kritisch sichten, an dringend gebotene Reformen erinnern und mögliche Wege zur Lösung von Problemen beschreiben.

Jeder Konsument weiß aus eigener Erfahrung, was Marketingexperten immer wieder in Erinnerung rufen: Auf konkurrenzbestimmten Gütermärkten ist dauerhaft nur erfolgreich, wer die besonderen, unverwechselbaren Qualitäten seines Produkts zu kommunizieren vermag. Wir kaufen in aller Regel nicht Waschmittel, sondern Persil oder Omo. Wir trinken in aller Regel nicht Bier, sondern bevorzugen Küppers Kölsch, König Pilsener oder Paulaner Weißbier. Unternehmen bedürfen unter den Bedingungen des Marktpluralismus einer klar definierten *corporate identity*, und Produkte müssen erkennbar, identifizierbar sein, will man ihre Akzeptanz bei den Kunden stärken. Genau hier liegt ein entscheidendes Problem der mit der evangelischen Kirche eng verbundenen Diakonie. Die Diakonie hat seit langen Jahren zunehmend an Profil verloren, sich häufig nur als Besitzstandsagentur zur Wahrung des Status quo verstanden, bis in die neunziger Jahre hinein sozialpolitische Reformen verweigert, in ihren Unternehmen und Einrichtungen ökonomisch gebotene Innovationen und Veränderungsprozesse abgeblockt und, in meinen Augen besonders fatal, niemals ernsthaft versucht, sich konstruktiv mit eigenständigen und an der eigenen Tradition orientierten Vorschlägen in den Debatten um die Optimierung sozialer Dienstleistungen zu engagieren. Auch fehlt es sehr vielen diakonischen Sozialunternehmen und mehr noch den Landesverbänden des Diakonischen Werkes und dem Bundesverband oft an dringend gebotener Transparenz, etwa in der Rechnungslegung und mit Blick auf die Bilanzen. Nur einzelne große diakonische Sozial-dienstleister sind bisher bereit, jährlich über ihre Aktivitäten und de-ren Finanzierung, also Einnahmen (und Einnahmequellen), Ausgaben und Gewinne (oder Verluste) Auskunft zu geben. Mangel an Transpa-renz ist aber nur ein wohlklingender Ausdruck für erhöhte Korrupti-onsanfälligkeit. Das «Institut der deutschen Wirtschaft Köln» hat 2004 einen sehr kritischen Bericht über die Wohlfahrtsverbände in Deutsch-land veröffentlicht und dabei hart und klar auch viele Missstände in Caritas und Diakonie herausgestellt. Nicht nur einzelne Korruptions-fälle wurden hier aufgedeckt, sondern auch systemisch bedingte Aus-beutung des Steuerzahlers beklagt – in einer Situation, in der, trotz knapper öffentlicher Kassen, mit Blick auf die demographische Revo-lution, das heißt die schnell fortschreitende Alterung der Bevölkerung, mehr soziale Dienstleistungen als je zuvor in der neueren deutschen Geschichte benötigt werden. Weder im Binnendiskurs von Caritas und Diakonie noch in den Gremien der beiden großen Kirchen ist diesem sehr kritischen Bericht besondere Beachtung geschenkt worden. Auch die akademischen Sozialethiker haben ihn mit nur wenigen Ausnah-men ignoriert. Doch wer als Organisation überleben und weiterhin kundennahe (oder für Bedürftige hilfreiche) soziale Dienstleistungen erfolgreich anbieten will, muß sich mit Kritik auseinandersetzen und sich gegebenenfalls verändern – wenn er dies denn trotz der Behar-rungskultur in kirchlichen Bürokratien und diakonischen Verbänden wirklich kann. Dazu muß man wissen, wer man ist, was man will und wie man die selbst gesetzten Ziele effizient, gerade unter den Bedin-gungen knapper Ressourcen erreichen kann. Das «diffuse Geschwätz kirchlichen Christentums» (Christian Albrecht), gerade vieler leiten-der Geistlicher, wird es nicht ermöglichen, solches Wissen zu erlangen und zu akkumulieren. Deshalb sehe ich eine Aufgabe des akademi-schen Theologen-Intellektuellen darin, der Diakonie wieder zu einem schärferen Profil zu verhelfen und in konstruktiver Fortentwicklung zentraler Elemente der protestantischen Überlieferung diakonische Institutionen in Selbstkritik, kreativer Lernbereitschaft und Innovati-onsfähigkeit zu stärken.

Sozialfürsorge:
Wie man die Opfer seines
guten Willens abhängig hält

Um 1860 formulierte der bayerische Pfarrer Wilhelm Löhe, der Gründer der Diakonischen Anstalten in Neuendettelsau, einen schnell berühmt gewordenen Diakonissenspruch: «Was will ich? Dienen will ich. Wem will ich dienen? Dem Herrn in seinen Elenden und Armen. Und was ist mein Lohn? Mein Lohn ist, dass ich dienen darf.» In diesem Satz ist ein klassisches Selbstverständnis protestantischer Diakonie bündig formuliert. Zunächst: Diakonie ist Dienst, die hingebungsvolle Praxis christlicher Liebestätigkeit, die Konkretion christlicher Liebe. Sie gilt als Caritas oder als ein Werk der Barmherzigkeit. Zweitens: Diakonie ist das Werk, das der diakonisch Tätige als Ausweis seiner individuellen Frömmigkeit und seiner ihn existentiell bindenden Jesuszugewandtheit am Hilfsbedürftigen vollzieht. Drittens: Wer diakonisch handelt, agiert altruistisch und selbstlos, nicht um des schändlichen Gewinns willen, sondern aus frommem Herzensgrund. Die materielle und professionelle Bewertung diakonischen Handelns ist in Wilhelm Löhes Bestimmung der Diakonie jedenfalls weit geringer als deren moralische und religiöse Bewertung. Mehr noch: Die ethische und religiöse Hochschätzung des «diakonischen Dienstes» beruht im Ganzen weitgehend auf einem materiellen Desinteresse. So lässt diese klassische Formulierung Löhes auch besonders prägnant die elementaren Probleme erkennen, die in der rein religiösen oder religiös-moralischen Auslegung des «diakonischen Dienstes» impliziert sind. De facto maßen sich die sich selbst als «Dienende» Charakterisierenden hier eine bemerkenswert autoritäre Herrenstellung an. Die Elenden, Armen, Bedürftigen werden nur als Objekt ihres religiös motivierten Dienens und Liebens wahrgenommen, sie kommen aber nicht als eigenständige Subjekte in den Blick. Man sieht sich als ihr Anwalt und nimmt eine „Sozialanwaltschaft" für die Marginalisierten in Anspruch, ohne dass diese je ein Mandat erteilt hätten. Von vornherein ist die Sprache von Frömmigkeit und Moralität so entworfen, dass Fragen nach der Professionalität diakonischen Handelns und nach seiner ökonomischen Effizienz gar nicht erst gestellt werden können. Solche Fragen werden als irgendwie unwichtig, vernachlässigenswert religiös-moralisch delegitimiert. Wer über Kompetenz und Geld nachdenkt, steht eigentlich schon in der falschen, religiös illegitimen Ecke.

Der Diakonissenspruch Wilhelm Löhes gibt eine eingespielte Sichtweise der Diakonie als Liebesdienst wieder. Doch so gängig diese unmittelbar religiöse Bestimmung der Diakonie Mitte des 19. Jahrhunderts gewesen sein mag und in manchen diakonischen Einrichtungen immer noch ist, so problematisch ist es doch, eine solche religiöse Bestimmung der Diakonie unmittelbar auf Fragestellungen zu beziehen, die sich aus der vielfältig gewandelten gesellschaftlichen Bedeutung diakonischer Sozialdienstleistungen in einer modernen komplexen Gesellschaft ergeben. Dies zeigen zunächst die kontrovers geführten Debatten um die sogenannte ACK-Klausel – eine für alle diakonischen Sozialunternehmen in Deutschland geltende Klausel, die der Diakonie gestattet, ausschließlich Christen zu beschäftigen, die einer christlichen Kirche angehören, die Mitglied in der ACK, der «Arbeitsgemeinschaft christlicher Kirchen» in Deutschland, ist. Katholische oder griechisch-orthodoxe Christen können also in der Sozialstation oder dem Krankenhaus der protestantischen Diakonie als Pfleger, Putzmann oder Arzt angestellt werden. Aber muslimische Krankenschwestern oder buddhistisch gestimmte Physiotherapeuten will man nicht einstellen, um das christliche Profil der Diakonie sichtbar zu machen. Die ACK-Klausel wirkt de facto also diskriminierend, schließt jedenfalls Nicht-Christen und auch jene Christen, deren Kirchen nicht der ACK angehören, vom diakonischen Stellenmarkt aus. Auch die intensiven Leitbilddiskussionen in zahlreichen diakonischen Sozialunternehmen und der von vielen Diakoniefunktionären gern mit ritueller Inbrunst inszenierte Streit um mögliche Spannungen zwischen religiöser Norm und ökonomischer Rationalität lassen erkennen, dass überkommene religiöse Selbstdeutungen diakonischer Akteure, orientiert an der Dienstsemantik oder am Ideal des barmherzigen Samariters, nicht mit der Transferlogik im deutschen Sozialstaatskorporatismus vermittelbar sind: Dem barmherzigen Samariter wurde seine Hilfe gerade nicht von irgendeinem anderen Akteur fremdfinanziert, sondern er gab dem Wirt eigene Taler. Die Diakonie aber arbeitet weithin so, dass sie sozialstaatliche Transferleistungen, die Assistenzbedürftigen sozialrechtlich garantiert zustehen, an diese weiterleitet – unter Abzug der eigenen (nicht selten allzu hohen) Overhead-Kosten, zu denen auch wenig bescheidene Vorstandsgehälter zählen. Solche Debatten über Gott und Geld, Glaube und Gewinn zeigen, dass zwischen dem Selbstverständnis der in der Diakonie professionell Handelnden und den alten religiösen Identitätsangeboten eine tiefe Kluft besteht, die sich nur schwer überbrücken lässt. Ich schlage, historisch hervorragend informiert durch den Marburger Kirchenhistoriker Jochen-Christoph Kaiser, den führenden Diakoniehistoriker des Landes, und klug beraten durch den Münchner Praktischen Theologen Christian Albrecht, deshalb vor, die Frage nach dem spezifischen Profil der protestantischen Diakonie als Frage nach der Professionalität der hier erbrachten Sozialdienstleistungen zu formulieren. Professionalität ist ein Konzept, das in den Interndebatten von evangelischer Kirche und Diakonie eher als allzu betriebswirtschaftlich verdächtigt, als «ökonomistisch» und «marktfetischistisch» abgelehnt wird. Aber der Begriff ist im Kern nur eine ökonomisch kluge Transformation des alten lutherischen Ideals vom «weltlichen Beruf» des Christen: Man muß, was man aus guten Gründen tut (und Fehlleistungen oder kriminelle Akte können nicht durch gute Gründe gerechtfertigt werden), nicht nur aus innerer Überzeugung, sondern auch mit hart erarbeiteter Kompetenz tun. So kann man zur Profilstärkung der Diakonie auf alte protestantische Ethos-Traditionen zurückgreifen, vor allem auf den gut lutherischen Begriff der «Freiheit eines Christenmenschen» und auf das von Max Weber, Ernst Troeltsch und Karl Holl faszinierend rekonstruierte lutherische wie calvinistisch-reformierte Konzept des «weltlichen Berufs» des Christen. Das Verständnis der Diakonie als «Beruf» im Sinne der reformatorischen Überlieferung eröffnet Chancen, die real existierende diakonische Praxis noch einmal ganz anders zu sehen als nur in konventionellen Binnenperspektiven. In einer «berufs»orientierten Perspektive kann den je individuellen Wahrnehmungen der in der Diakonie Tätigen, vom schwulen Krankenpfleger über die aus Rumänien oder den Philippinen kommende Krankenschwester bis hin zum gut verdienenden Pfarrer als Vorstandsvorsitzenden, Rechnung getragen werden. Zu Recht erwarten sie, dass mit Blick auf die Diakonie (und andere Sozialdienstleister) endlich eine fundamentale Einsicht akzeptiert wird: Sozialunternehmen arbeiten nur in genau dem Maße gut, motiviert, qualitätsbewusst und effizient, in dem sie die in ihnen, für sie tätigen Menschen zu verantwortlicher, ernsthafter (das ist ein Gegenbegriff zu schlampig und auch rücksichtslos) Arbeit ermutigen, also für diese schwierigen beruflichen Tätigkeiten Gehälter zahlen und sonstige Anreize geben, die nicht demotivierend wirken, sondern Anerkennung für psychisch belastende professionelle Empathie erkennen lassen. Viele diakonische Sozialunternehmen haben in den letzten Jahren darauf gesetzt, die einst analog zum öffentlichen Dienst gestalteten Tarifsätze abzusenken, um gegenüber privaten Anbietern etwa aus dem europäischen Ausland (die ihren Arbeitnehmern deutlich geringere Löhne zahlen, also kostengünstigere Angebote offerieren können) konkurrenzfähig zu bleiben. Aber diese Strategie der Kostenreduktion ist langfristig hoch ambivalent: Man spart momentan und längerfristig Personalkosten, droht aber jene Mitarbeitenden zu demotivieren, die empathisch intensiv, individualitätsfähig sich um die – jetzt kommt die Sozialjargonformel – «ihnen Anvertrauten» kümmern. In der Diakonie professionell tätige Menschen bedürfen der Wertschätzung ihrer Arbeit, und das heißt auch: Man muß viele von ihnen besser bezahlen als momentan häufig üblich. Leider hat das Diakonische Werk der EKD, zu seinem langfristigen Schaden, dies nicht erkannt, sondern seinerseits eine Politik der generellen Gehaltsabsenkung betrieben. Doch warum sollten die in der Diakonie haupt- oder nebenamtlich Tätigen zu signifikant geringeren Löhnen arbeiten als Kollegen und Kolleginnen in konkurrierenden, sich nicht religiös definierenden Sozialunternehmen? Umgekehrt gilt: Wie können diakonische Sozialunternehmen, die immer auch in Konkurrenz zueinander stehen, überhaupt mögliche höhere Lohnkosten erwirtschaften, hängen sie doch zumeist sehr stark von sozialstaatlichen Transferleistungen ab? Der „dritte Weg" bietet auch die Chance, viel stärker differenzierende Gehaltsstrukturen zu schaffen, also ein Besoldungssystem, das etwa durch mehr Leistungs- und Treueprämien die Bindung der Mitarbeitenden an „ihr" Unternehmen honoriert. Denn mangelnde Identifikation der Mitarbeitenden mit ihrem Unternehmen führt zu einem massiven Verlust an Dienstleistungsqualität, schädigt also nicht nur das Unternehmen, sondern vor allem dessen assistenzbedürftige Kunden, die nun einmal exzellente Leistungen erwarten – und jederzeit zu einem anderen Sozialdienstleister abwandern können, wenn sie diese nicht bekommen.

Rheinischer Korporatismus:
Staatsnahe soziale Dienstleistungen

Der alte deutsche Sozialstaat ist in eine tiefe Krise geraten. Als «professionals» des Helfens wissen Diakoniker: In einer Krise bedarf man externer Beratung. Deshalb schlage ich vor, die deutschen Sozialstaatsstrukturen stärker in Außenperspektiven wahrzunehmen, sich also gleichsam selbst einmal beraten zu lassen. Im Vergleich mit den Sozialsystemen anderer Gesellschaften treten strukturelle Mängel des deutschen Modells besonders prägnant zu Tage, aber natürlich auch institutionelle Stärken.

Im Blick von Außen zeigen sich zunächst die besonderen historischen Wurzeln des deutschen Sozialkorporatismus. Begründet wurde er im 19. Jahrhundert teils mit Überlieferungen der lutherischen Ständeethik, teils mit der neothomistischen römisch-katholischen Soziallehre. Sozialethiker beider Konfessionen formulierten eine moralische Fundamentalkritik des modernen Individualismus und der freien Bürgergesellschaft. Die offene liberale Gesellschaft, die den Einzelnen vielfältige Möglichkeiten individueller Selbstentfaltung bietet, lehnten sie als Ellenbogengesellschaft ab. Individualismus wurde in zahllosen theologischen Ethiken mit Sünde, Egoismus und kalter Habgier assoziiert. Zu dieser «Ideenassoziation» von Individualismus und Sünde lassen sich faszinierende Begriffsgeschichten schreiben; radikale Individualismuskritik beherrscht zahllose theologische Ethiken bis in die unmittelbare Gegenwart hinein. Zur Bewältigung der hohen sozialen Kosten des modernen Kapitalismus setzte die große Mehrheit theologischer Ethiker auf einen starken Kulturstaat, der als Garant des Gemeinwohls aller gedacht wurde. Dank ethischer Kulturwerte sollte der Staat dem Bürger von der Wiege bis zur Bahre Schutz und Hilfe gewähren. Westlichen Gesellschaftstheorien, die an starken Freiheitsrechten der Bürger gegenüber dem Staat orientiert waren, wurden im deutschen Sozialdiskurs immer Modelle relativ harmonischer Volksgemeinschaft entgegengesetzt, die primär in sogenannten Solidarinstitutionen wie der Rentenversicherung, der Arbeitslosenversicherung und der gesetzlich vorgeschriebenen Krankenversicherung Gestalt gewinnen sollte. Die antiliberalen theologischen Legitimationsmuster für den sozialstaatlichen Korporatismus kamen sowohl den Funktionseliten der Kirchen als auch einer paternalistisch autoritären Obrigkeit entgegen, die vor freien, selbstbewussten Bürgern und aufsässigen Arbeitern Angst hatten. Der deutsche Sozialstaat ist auch ein Produkt der Revolutionsfurcht von Staat und Kirchen. Exemplarisch hingewiesen sei nur auf die Rolle Bismarcks, der Sozialpolitik um der Revolutionsprävention willen betrieb. Die beiden alteuropäischen Ordnungsmächte Staat und Kirche verband die Sorge, die Kontrolle über eine sich differenzierende, von vielfältigen Konflikten und harten Klassengegensätzen geprägte Gesellschaft zu verlieren. Für die deutschen Sozialtheorien ist seit dem späten 19. Jahrhundert diese etatistische Grundorientierung kennzeichnend, und dieser starke, zutiefst autoritäre Staatsglaube prägt die deutschen Sozialstaatsdebatten bis in die unmittelbare Gegenwart hinein. Wir organisieren soziale Fürsorge weithin über den Staat, der dazu, begründet vor allem durch das sogenannte Subsidiaritätsprinzip, bestimmte gesellschaftliche Verbände, bevorzugt die Kirchen oder Caritas und Diakonie, in die Pflicht nimmt.

Die tiefe Krise des überkommenen Sozialstaatsmodells ist keineswegs nur finanzieller Natur. Es ist jedenfalls falsch, die vielfältig sichtbaren Krisenphänomene auf die aktuelle Ressourcenknappheit zu reduzieren. Es geht um einen sehr viel prinzipielleren Sachverhalt. Der Sozialstaat, dessen Institutionen Schutz und mehr Gerechtigkeit verbürgen sollten, hat selbst massive neue Ungerechtigkeit erzeugt. Dies zeigt sich insbesondere mit Blick auf den sogenannten «Generationenvertrag», der, zugespitzt formuliert, bisher nur der brutalen Ausbeutung der Jüngeren durch die Älteren Vorschub geleistet hat. Denn die alte Bundesrepublik Deutschland hat ihre «soziale Marktwirtschaft» sehr stark auf Kosten zukünftiger Generationen finanziert. Mit ein paar wohlklingenden religiösen Pathosformeln wurde der Schein erzeugt, als habe jeder einen unbegrenzten Anspruch auf Leistungen der «Solidargemeinschaft».

Damit wurde die Bereitschaft von Menschen geschwächt, für manche Risiken selbst Vorsorge zu tragen. Obendrein wurden problematische Mitnahmeeffekte begünstigt. In vielen sozialen Einrichtungen, gerade auch in Einrichtungen der Diakonie, sind über lange Jahre hinweg in großem Stil Mittel vergeudet und falsche, kontraproduktive Anreize gegeben worden; im Diskurs der Diakonie hat man diese Fehlorientierungen häufig noch religiös legitimiert. Erst in distanzierenden Außenperspektiven wird bewusst: Soziale Dienstleistungen sind nach einigen EU-Untersuchungen in Deutschland oft schlechter als in anderen europäischen Gesellschaften, obwohl sie hier teurer sind.

Gegenüber dem Kaiserreich, einer vermeintlich heilen Bismarckwelt, hat sich die deutsche Gesellschaft tiefgreifend gewandelt. Sie ist vielfältiger, widersprüchlicher, konfliktreicher geworden, polyethnisch, multikulturell und multireligiös. Individuelle Freiheit und selbstbestimmte Lebensführung spielen für viele Menschen nun eine entscheidende Rolle. Analog zum extrem schnellen wissenschaftlich-technischen und kulturellen Wandel ändern sich die Muster der Lebensführung. Die Normalbiographie von vorgestern ist inzwischen eher der Ausnahmefall. Der Münchner Sozialpsychologe Heinrich Keupp hat daher unter dem Stichwort «Patchwork-Identität» gezeigt, dass die Lebensläufe vieler Menschen bunter, pluraler, widersprüchlicher, offener und auch internationaler, kosmopolitischer geworden sind. In Deutschland geben zwar viele ältere Menschen der Sicherheit immer noch einen Vorrang vor der Freiheit, aber die überkommenen Versorgungsmodelle haben zunehmend an Legitimität eingebüßt. Vor allem die Jüngeren, Flexibleren erkennen, dass sie für ihren sozialstaatlich autoritär verordneten Geldeinsatz, für ihr Investment in die Lebensrisikozwangsversicherungen nur relativ wenig Leistung zurückbekommen werden. Viele erfahren die überkommenen sozialen Sicherungssysteme als entfremdende bürokratische Herrschaft, die ihren elementaren Interessen und Freiheitswünschen widerspricht. Sie fühlen sich hier nur noch entmündigt, ihrer bürgerlichen Freiheit beraubt.

Außenperspektiven erlauben auch eine kritische Wahrnehmung der aktuellen deutschen Reformdebatten. Gern reden wir vom fälligen Umbau des Sozialstaates, von Reformagenden, Aufbrüchen, Innovationsoffensiven und, besonders peinlich, von «Brain-Up»-Aktivitäten. Tatsächlich aber werden noch immer viele überkommene Strukturen konserviert und alte Besitzstände verteidigt. Im protestantischen Kirchenmilieu zeigt sich diese Beharrungsmentalität in besonders starkem Maße. In evangelischer Kirche und Diakonie gilt wohl verstärkt, was auch für viele andere Milieus der deutschen Gesellschaft zutrifft: Wer substantielle Reformen einklagt, wird relativ schnell ausgegrenzt oder an den Pranger gestellt. Die einschlägigen semantischen Strategien sind dabei von leicht überschaubarer moralischer Komplexität: Gute Christen verteidigen die Nächstenliebe und das Gemeinwohl – böse Neoliberale stören den sozialen Frieden, betreiben die Entsolidarisierung, leisten einer Ökonomisierung Vorschub oder wollen rücksichtslos die Ellenbogengesellschaft durchsetzen.

Gern sehen sich die Apologeten des deutschen Modells als die Weltmeister der Nächstenliebe, weshalb sie sich in narzisstischer Eitelkeit selbst zu preisen und feiern lieben. Auch diese Selbstbestätigungsmentalität und die mit ihr verbundene Wahrnehmungsresistenz lassen sich im Binnendiskurs der evangelischen Kirche und Diakonie häufig beobachten. Dann bedarf es der Erinnerung an harte Fakten: Vergleichende Untersuchungen über die sozialen Dienstleistungsmärkte in Europa lassen erkennen, dass wir Deutschen auf vielen Feldern eher nur Mittelmaß sind. Diese Mediokrität äußert sich insbesondere in der mangelnden Fähigkeit, selbstkritisch zwischen Gelungenem und weniger Gelungenem zu unterscheiden. Viel Bequemlichkeit, Denkfaulheit und bornierte Mittelmäßigkeit zeigen sich auch in der mangelnden Bereitschaft, neue erfolgversprechende Wege zu erkunden. In sozialpolitischen Debatten gibt es sehr viel deutschen Provinzialismus. Man könnte dies an den Diskussionen um das Thema «social capital» belegen – also an den Debatten um die Bildung und Pflege der sozialmoralischen Ressourcen gelebter Solidarität. Man könnte dies aber auch an der Art und Weise zeigen, wie die in den USA und in Großbritannien seit den siebziger Jahren sehr intensiv geführten *community care*-Debatten bei uns nicht oder nur sehr eingeschränkt rezipiert worden sind. Generell gilt: Im überkommenen deutschen Sozialstaatsmodell konservieren wir in aller Regel noch immer Strukturen des Helfens, die nicht zur Selbsthilfe ermutigen und Selbständigkeit befördern, sondern Abhängigkeiten erzeugen und paternalistisch wohlmeinende Entmündigung auf Dauer stellen. Gerade in Einrichtungen der Diakonie werden relativ viele Menschen immer noch bevormundet, zu bloßen Objekten des Helfens erniedrigt und entmündigt.

Ökonomische Eigenlogik der Religion:
Die Grundeinsichten der Religious Economics

Die Kirchen verstehen sich in aller Regel nicht als ökonomische Organisationen oder religiöse Dienstleister. Doch wer die Dynamik religiösen Wandels mit Hilfe ökonomischer Modelle und Begrifflichkeiten analysiert, wird erkennen: Unter modernen Bedingungen agieren die Kirchen auf Sinnmärkten und unterliegen wie alle anderen gesellschaftlichen Akteure den Kriterien ökonomischer Rationalität. Sie müssen wie jeder andere auf Märkten Produkte verkaufende Anbieter effizient handeln, also Kosten und Nutzen kalkulieren, knappe Ressourcen zweckrational einsetzen sowie Verschwendung vermeiden. Auch wer aus religiösen Motiven oder um der Reinheit exklusiv theologischer Sprachspiele willen eine prinzipielle Ferne von Glaube und Ökonomie, Kirchen und Marktwirtschaft betont, kann nicht der Verschwendung, Misswirtschaft, Ineffizienz, institutionalisierten Erfolglosigkeit oder gar versteckten Korruption das Wort reden wollen. Insoweit gilt: Kirche und diakonische Unternehmen agieren in modernen komplexen Gesellschaften auf Märkten. Sie müssen ein klares Bewusstsein davon entwickeln, was sie eigentlich anbieten wollen und über welche Produkte und Dienstleistungen sie ihre *corporate identity* definieren. Genau dies leistet ein methodisch faszinierend innovativer Zweig der empirischen Religionswissenschaften, die *Religious Economics*, die seit den sechziger Jahren des letzten Jahrhunderts von Ökonomen, Sozialwissenschaftlern und Theologen in den USA entwickelt worden ist: Die *Religious Economics* kann Kirchen und anderen Anbietern auf den pluralen Sinn- oder Religionsmärkten der Gegenwart zu einem realistischeren Selbstbild und zu erhöhter Transparenz verhelfen.

Die Kirchen lassen sich in ökonomischen Perspektiven als Anbieter bestimmter religiöser Güter wie Heil, Erlösung oder Sinn beschreiben. Exemplarisch genannt sei die Nähe alter dogmatisch-theologischer Sprachmuster zur Sprache der modernen Ökonomie: «Heilsgüter», «der Sünde Sold», «Erwerbschancen» und «fröhlicher Tausch». Viele moderne ökonomische Begriffe sind nichts anderes als transformierte Konzepte der überkommenen theologischen Dogmatik: von «Gottvertrauen» über «Heilserwartung» und «Heilsvertrauen» zu «Marktvertrauen». «In God we trust» steht auf Dollar-Noten, und gern benutzen Wirtschaftsexperten die religiöse Kreationssemantik, wenn sie von Wertsteigerungen sprechen: Sie reden dann von «Wertschöpfungskette» oder «Mehrwertschöpfungsgeschichte».

In einer modernen pluralistischen Gesellschaft befinden sich die Kirchen auf Religionsmärkten zunehmend in einer Konkurrenzsituation. Denn religiöse Güter wie Lebenssinn oder mystische Einheit mit Gott werden auch von anderen Sinndeutern angeboten. In der Bundesrepublik zeigt sich dies etwa am Boom von Esoterik-Angeboten oder an der Durchdringung der Werbesprachen mit religiösen Mythen und Stoffen. Trotz der modernitätsspezifischen Pluralisierung der Religionsmärkte haben sich die großen Kirchen insgesamt aber als erstaunlich stabile Anbieter erwiesen: Gegen alle zeitgeistkompatible Konkurrenz haben sie ihr Ritenmonopol weithin bewahren können, wie sich zumal am Beispiel der Taufe zeigen lässt.

Religiöse Pluralisierungstrends haben sich seit dem späten 19. Jahrhundert in vielen europäischen Gesellschaften massiv verstärkt. Beide großen Kirchen haben in Deutschland seit dem frühen 20. Jahrhundert darauf mit einer – ökonomisch gesehen – problematischen Strategie reagiert: Sie haben ihre Angebote immer stärker ausgeweitet und neben ihren klassischen religiösen Kernprodukten alle möglichen anderen Erzeugnisse mit ins Angebot genommen. Sie bieten nicht nur Lebenssinn, Seelsorge, Moral und Krisenbegleitung an, sondern betreiben nun auch genossenschaftlichen Wohnungsbau und Insolvenzberatung. Durch diese Expansion des Angebots ist das Profil der Kirchen unscharf geworden. Die schleichende Erosion der beiden großen Kirchen und die Akzeptanzkrisen, denen sie sich konfrontiert sehen, geben ihnen nun dazu Anlass, sich verstärkt auf ihre Kernprodukte zu konzentrieren. Was ist der Sinn meines Handelns? Wofür bin ich da? Was sind meine Ziele? Was will ich, und was will ich nicht? Solche Identitätsfragen stellt man sich in aller Regel nur dann, wenn man in eine Krise geraten ist. Krisen sind in genau dem Maße produktiv, in dem das labil gewordene, in die Krise geratene Subjekt – dies kann auch eine Institution oder Organisation oder ein diakonisches Sozialunternehmen sein – sich mit diesen Fragen auseinandersetzt. Die in Kirchen und auch in vielen Diakonieunternehmen noch immer verbreitete Reaktion auf Krisenerfahrungen, in pathetischen theologischen Worten die zunehmende Ökonomisierung des Sozialen zu bejammern und alte antikapitalistische Rhetorik wiederzubeleben, spiegelt nur die mangelnde Bereitschaft (oder Fähigkeit), sich mit harten ökonomischen Realitäten und gesellschaftlichen Entwicklungen auseinanderzusetzen. Theologische Formeln werden hier nur dazu benutzt, um marode Institutionen zu verteidigen und sich an den eigenen Bequemlichkeiten zu erwärmen. Gerade in den derzeitigen Diakonie-Debatten wird viel Schindluder und Missbrauch mit der Sprache der jüdischen und christlichen Überlieferung getrieben.

Der Markt hat eine eigene ethische Dignität. Er ist ein Entdeckungsverfahren für optimale Lösungen. Dagegen im Gestus der moralisierenden Betroffenheit ein paar fromm klingende Formeln ins Spiel zu bringen, kann bestenfalls dazu führen, Lernblockaden auf Dauer zu stellen und psychopathologische Wahrnehmungsresistenz zu habitualisieren. Man darf sich dann aber nicht wundern, wenn lernwilligere und lernfähigere Konkurrenten sehr viel erfolgreicher und effizienter agieren. Solche Konkurrenz wird auf allen Sozialmärkten wachsen, gerade in den verschiedenen Handlungsfeldern der Diakonie. Dieser in den Prozessen der weiteren europäischen Rechtsintegration, also durch Europäisierung der Sozialmärkte noch wachsende Konkurrenzdruck wird in vielen diakonischen Sozialunternehmen gern selbstmitleidig bejammert und moralisierend verteufelt. Doch man kann wachsende Konkurrenz auch konstruktiv würdigen: als Ausdruck von Gewinnen an individueller Freiheit. Nur auf konkurrenzbestimmten Märkten gibt es Kundenautonomie. Allein unter der Bedingung pluraler Angebote haben Konsumenten die Freiheit, das von ihnen gewünschte Produkt auf kostengünstigste Weise zu erwerben. Die Vorzüglichkeit von Märkten lässt sich auch mit Blick auf die Anbieterseite formulieren: Erhöhter Konkurrenzdruck zwingt Anbieter zur permanenten Selbstreflexion über die Optimierung ihrer Waren und Dienstleistungen. Allein auf Märkten haben Anbieter die Chance, sich auf ihre Stärken zu konzentrieren und für ihre besonders guten Produkte Absatzchancen zu erschließen. Der Markt ist eine Institution individueller Freiheit. Darin liegt seine ethische Qualität.

In God we trust:
Die Wirtschaftswissenschaft entdeckt den Sinn der Religion

Seit den achtziger Jahren des 20. Jahrhunderts haben sich Ökonomen weltweit verstärkt wieder dem alten Thema Kultur und Religion zugewandt. Im Zuge dieser «kulturalistischen Wende» sind klassische Fragen nach den mentalen oder kognitiven Voraussetzungen ökonomischen Handelns neu diskutiert worden. «Cognitive maps» und «belief systems» steuern die Strukturen der Wahrnehmung von Individuen und kollektiven Akteuren und prägen ihre Vorstellungen der Wirklichkeit. Je nach den subjektiven «images» oder Bildern von Realität entwickeln die Akteure Vorstellungen ihrer Handlungsoptionen und treffen Entscheidungen darüber, welche Handlung sie im gegebenen Fall als rational und effizient beurteilen. Ökonomen wie Viktor Vanberg, James M. Buchanan und Hansjörg Siegenthaler haben in den späten achtziger und frühen neunziger Jahren des 20. Jahrhunderts die hohe Bedeutung solcher Alltagstheorien für die Prozesse der Entscheidungsfindung wirtschaftlicher Akteure betont und die Grenzen der klassischen *rational choice*-Modelle aufgewiesen. Kein Mensch oder keine Gruppe von Menschen handelt in einem allgemeinen Sinne ökonomisch rational, etwa im Sinne der Befolgung seines Eigeninteresses. Denn die aktive Verfolgung von Interessen ist abhängig von dem Verständnis, das ein individuelles oder kollektives Handlungssubjekt von seiner Interessenlage und von den Chancen zur möglichen Verwirklichung und Durchsetzung seiner Interessen besitzt. Durch kulturspezifische Vorverständnisse geprägt sind zudem die Erwartungen ökonomischer Akteure, also die Vorstellungen, die sie sich vom Handeln ihrer Konkurrenten machen, und die Bilder der Marktprozesse. In allen ökonomischen Prozessen sind sehr viel mehr kulturelle Voraussetzungen im Spiel, als in klassischen Konzeptionen des homo oeconomicus wahrgenommen wurde.

Die neue Sensibilität für die kulturellen und sprachlichen Grundlagen ökonomischer Prozesse hat vor allem in der sogenannten evolutorischen Ökonomie die Einsicht befördert, dass der Wettbewerb auf den Finanz- und Gütermärkten einen elementaren Wettbewerb, eine «internal selection» von Ideen, Wirklichkeitsbildern, Anpassungsfähigkeiten, Flexibilitätskompetenzen und Zukunftsvisionen zur Voraussetzung hat. Die Selektoren, die auf Märkten ihre Wirkung entfalten, bestrafen all jene, die nicht oder nur unzureichend imstande sind, ihre subjektiven Realitätsbilder erfahrungsorientiert zu überprüfen und gegebenenfalls zu korrigieren. Zugleich belohnen sie die Akteure, die zu präziseren Erwartungen, also Deutungen des möglichen Handelns der Konkurrenten, und zu revisionsfähigen Einschätzungen ihrer eigenen Handlungsoptionen und -chancen gelangen. Je lernfähiger ein Akteur ist, desto mehr wird er sich unter Wettbewerbsbedingungen durchsetzen können. Lernbereitschaft und Lernfähigkeit aber hängen entscheidend davon ab, wie die subjektiven *cognitive maps*, Alltagstheorien und Realitätsbilder konstruiert sind. Inwieweit erlauben kognitive Muster die konstruktive Aufnahme und Verarbeitung von Erfahrungen, die den ursprünglichen Annahmen über «die Wirklichkeit» widerstreiten? Bieten sie einem Akteur die Chance, bestimmte mentale Konstrukte preiszugeben oder Elemente seiner Alltagstheorien zu revidieren, ohne gleich sich selbst und seine *cognitive map* insgesamt in Frage stellen zu müssen? Enthalten sie Korrekturpotentiale? Fördern sie die Bereitschaft eines Akteurs, in Kommunikationsprozessen die Weltsichten anderer Akteure wahrzunehmen und gegebenenfalls Elemente dieser fremden Realitätsbilder in seine eigene Wirklichkeitskonstruktion zu integrieren? Erleichtern sie Prozesse sprachlicher Verständigung, oder befördern sie bleibende Fremdheit gegenüber dem anderen und eine elementare Unfähigkeit, den Aussagen und Selbstdeutungen anderer irgendeinen Sinn beizulegen?

Die kulturalistische Wende in der Ökonomie erlaubt es, die Wirtschaftsethiken von Religionen, theologische Programme und die seit den 1990er Jahren in zahlreichen diakonischen Unternehmen verfassten Leitbilder und «mission statements» auch nach dem Maße der in ihnen enthaltenen Revisions- und Lernchancen zu analysieren. Als umfassende Deutungssysteme lassen sich religiöse Weltbilder, Glaubenssprachen und theologische Theorien auch im Sinne von *cognitive maps* rekonstruieren, die die Wirklichkeitswahrnehmungen von Individuen steuern und über ihre jeweilige Repräsentation von Handlungschancen mitentscheiden. Sofern es Religion mit Heilsgewissheit oder, in soziologischer Sprache, mit letztgültiger Überführung von Kontingenz in sinnhafte Bestimmtheit zu tun hat, stellt sie in ihren symbolischen Sprachen allgemeine Muster der Selbstdeutung und Realitätsrepräsentation bereit, die es individuellen oder kollektiven Akteuren im gelungenen Fall ermöglichen, auf neue krisenhafte Herausforderungen zu reagieren, ohne das überkommene Selbstbild und die alten Repräsentationen insgesamt verwerfen zu müssen. In genau dem Maße, in dem religiöse Deutungssysteme symbolische Identität und verlässliche Ordnungsstrukturen repräsentieren, bieten sie Individuen oder Gruppen die Chance zu gesteigerter Lernfähigkeit. Religion stabilisiert Regelvertrauen und kann in Situationen elementarer Krise, in denen die überkommenen Regeln des Denkens und Handelns zur Disposition gestellt sind, den Aufbau neuer Alltagstheorien befördern. Religion kann in ihren symbolischen Sprachen aber auch dazu beitragen, dass sich Lernpathologien verfestigen und Individuen oder Gruppen dem Verlust an Erfahrung nicht durch erhöhte Lernbereitschaft, sondern durch Fixierung auf mentale Konstrukte begegnen, die Erfahrungsresistenz fördern. Ökonomisch relevant sind religiöse Deutungssysteme gerade mit Blick auf die Frage, ob sie die für Erfolge auf Märkten unumgängliche Lernbereitschaft fördern oder blockieren.

Es geht, knapper formuliert, primär um eine, die entscheidende Frage: Hilft eine Theologie dazu, eine komplexe, vielfältig widersprüchliche Wirklichkeit differenziert wahrzunehmen, oder taugt sie eher dazu, gleich über «die Welt» insgesamt zu reden? Es sollen jetzt keine theologischen Sprachmuster im Einzelnen analysiert werden. Ich begnüge mich mit einer kurzen, knappen These: Viele theologische Sprachspiele, die die internen Verständigungsprozesse in den beiden großen Kirchen sowie in Caritas und Diakonie prägen, fördern nur Wirklichkeitsblindheit. Sie tragen bloß dazu bei, komplexe Prozesse und widersprüchliche Realitäten durch moralistische Reduktion eindeutig zu machen. Wer sich am Eigennutz orientiert, ist ein Sünder, und wer für das Gemeinwohl eintritt, ist ein guter Christ. Aber solche moralistische Reduktion von Komplexität trägt nichts zur Bearbeitung von schwierigen Problemen und neuen Herausforderungen bei. Viele Diakoniefunktionäre reagieren auf Krisenerfahrungen, indem sie an den Staat appellieren. Der verbreitete Ruf nach mehr «Staatsknete» lässt aber nur erkennen, dass man entscheidende sozialstrukturelle Wandlungsprozesse noch nicht wahrgenommen hat. Die entscheidende Frage ist, ob führende Diakoniefunktionäre in theologischen Begriffen nicht bloß Wahrnehmungsresistenz habitualisiert haben. Man kann die Frage polemisch zuspitzen: Kulturwissenschaftler anderer Disziplinen und gerade Ökonomen haben in den letzten Jahren viel über die Religion und religiös erzeugtes Grundvertrauen nachgedacht. Sie haben dabei auch von Theologen zu lernen versucht. Theologen, die bei anderen etwas lernen wollen, beispielsweise bei Ökonomen über Rationalität und optimalen Umgang mit den allemal knappen Ressourcen des Lebens, gibt es dagegen nur sehr selten. In aller Regel gilt: Theologen wissen zu viel und fragen zu wenig. Dient theologische Sprache in Kirche und Diakonie nur noch dazu, aus der gegebenen Welt in irgendein illusionäres Wunschreich auszusteigen, in dem mit diffuser Gemeinwohlsemantik ein naiver Harmonieglaube beschworen wird?

Community Care:
Die protestantische Hochschätzung
der Freiheit

Community Care in einem weiten Sinne bezeichnet elementare Bestrebungen, pflegebedürftige Menschen möglichst wenig in Heimen, sondern innerhalb der Gesellschaft zu betreuen. Begriffsgeschichtliche

Untersuchungen zeigen, dass der Begriff in Großbritannien um 1960 aufgekommen ist und die Debatte sich zunächst auf britische Diskussionszusammenhänge gestützt hat, bevor der Begriff dann auch in den USA und Dänemark intensiv rezipiert worden ist. In Großbritannien ist auch der Prozess der rechtlichen Institutionalisierung am weitesten fortgeschritten (*Community Care Act* von 1990 und entsprechende große Reports). *Community Care*: Das heißt, alte, psychisch kranke, geistig behinderte, körperbehinderte Menschen sollen in die Lage versetzt werden, soweit wie überhaupt möglich selbstbestimmt zu leben und in ihren eigenen Wohnungen zu bleiben. Darum müssen die informellen Netzwerke aus Familie, Freunden, Nachbarn und anderen Bekannten der Hilfsbedürftigen gestärkt werden. Das Ziel ist die Wahrung und die Stärkung der Autonomie von Menschen, die ihrer Selbstwahrnehmung nach Hilfe bedürfen. Dieser Hilfsbedürftige soll sein Leben so führen können, wie er es gemäß seinen eigenen Fähigkeiten und Wünschen vermag. Strukturen sozialer Fürsorge, die Hilfsbedürftige in vielfältige bürokratische oder personale Abhängigkeiten verstricken, widersprechen, so die Grundthese, der Idee einer freien Bürgergesellschaft. Elementare Freiheitsrechte haben Verfassungsrang. Sie müssen deshalb die Angebote sozialer Dienstleistungen prägen. Wer Menschen demgegenüber in totalen Institutionen permanenter Entmündigung – etwa in Anstalten und Heimen – betreuen will, habe noch einen Lernbedarf in Sachen Demokratie. In der englischen Literatur wird mit großer Selbstverständlichkeit darauf hingewiesen, dass ein solcher Nachholbedarf gerade in Deutschland gegeben sei.

Autonomie ist ein extrem komplexer Begriff. Er ist einer der voraussetzungsreichsten Begriffe unserer philosophisch-theologischen Sprache. Deutlich ist jedoch: Autonomie steht in einer elementaren Spannung zu Bestimmungen von Fürsorge oder Betreuung, in denen irgendein Helfer mit subjektiv sehr gut gemeinten Absichten den Hilfesuchenden zu bevormunden versucht. Sozialwissenschaftliche Studien über die Versorgungsstrukturen in Anstalten (schon der Anstaltsbegriff ist ein Relikt des alten Obrigkeitsstaates), Heimen und Krankenhäusern haben gezeigt, wie schnell Patienten oder Betreute von den vielen Helfenden als Unmündige wahrgenommen oder behandelt werden. Zugleich gilt als entscheidende Botschaft dieser britischen *Community Care*-Diskussion: Die Einschränkung der empirischen Handlungsmöglichkeiten eines alten, behinderten oder kranken Menschen kann niemals ein zureichender Grund dafür sein, ihm ein elementares Freiheitsrecht abzusprechen. Empirisch relevanten Einschränkungen unserer Handlungsmöglichkeiten unterliegen wir alle, ob jung oder alt, gesund oder krank. Aber zu Recht wehren wir uns dagegen, aufgrund solcher Einschränkungen wie Unmündige behandelt zu werden. Dies passiert aber sehr häufig in Beratungsstellen. Britische Untersuchungen der sechziger, siebziger und achtziger Jahre haben gezeigt, dass sehr viele Berater die Beratenden zu einer bestimmten Entscheidung zu bewegen versuchen. Oft machen sie die Annahme des gut gemeinten Rates zur impliziten Bedingung für weitere Unterstützung. Gerade religiös hoch motivierte oder politisch hoch engagierte Berater entwickeln hier ein extrem autoritäres Rollenverständnis. Sie wissen immer besser als der Klient, was dieser eigentlich will oder doch wollen soll.

Es geht im Gegenzug nun nicht darum, eine schöne neue, heile Welt von *Community Care* zu zeichnen. Es gibt in der konkreten Umsetzung sehr viele, auch theoretische, grundlegende Schwierigkeiten. Ein Problem betrifft zunächst das voraussetzungsreiche Feld von Autonomie und Konsens. Wir kennen aus dem Bereich der medizinethischen Diskussion inzwischen ein hoch differenziertes Spektrum von theoretischen Angeboten, um zu fragen, wie man Zustimmung zu Behandlungsmethoden gewinnen kann. Es wäre problematisch, in der *Community Care*-Diskussion hinter dem in der medizinethischen Debatte erreichten Reflexionsstand zurück zu bleiben. Fragen, die sich mit der Formel des «informed consent» verbinden, stellen sich in anderer Weise auch bei *Community Care*.

In Bezug auf das Kriterium der Freiwilligkeit bleibt stets ein Vorbehalt zu beachten: Wer sagt, hier habe jemand eine freiwillige Entscheidung getroffen, hat nüchtern zu bedenken, dass bei allen Entscheidungen immer schon eine Vielzahl von Einschränkungen vorliegt, seien sie moralischer, gesellschaftlicher oder finanzieller Art. Zwei unterschiedliche Umgangsweisen mit diesem Problem haben sich in Großbritannien etabliert: In der «Healthcare Ethics» geht die Tendenz dahin, keine zusätzlichen Einschränkungen hinzuzufügen. In der «Ethics of Social Care» wird darüber hinaus gefordert, soweit wie möglich die Handlungsmöglichkeiten zu erhöhen.

Damit tritt allerdings sofort ein anderes Problem in den Vordergrund: die Frage nach der Fähigkeit zur Autonomie von Menschen, die – empirisch gesehen – bestimmten mehr oder minder gewichtigen Einschränkungen ihrer Handlungsfähigkeit unterliegen. Was ist vorauszusetzen, um von «Fähigkeit zur Autonomie» überhaupt sprechen zu können? Die geringste Anforderung ist die Fähigkeit, eine Entscheidung zu äußern. Eine weitergehende Definition fordert die Fähigkeit, das Wesen der Entscheidung verstehen und argumentativ vertreten zu können. Die anspruchsvollste Definition schließlich verlangt, die Entscheidung müsse vernünftig sein. Nur das ist eine wirkliche autonome Entscheidung, die dem Kriterium von Rationalität entspricht; dann aber muss man nüchtern sehen, dass ein Großteil aller Akteure nicht zu autonomen Entscheidungen imstande ist.

Als weiterer wichtiger Punkt im Zusammenhang der Autonomiedebatte ist hervorzuheben, dass es viele Menschen gibt, die sich mit Autonomie ganz elementar schwer tun. Britische Untersuchungen haben für die Psychiatrie gezeigt, dass ein Drittel der stationär behandelten Menschen in psychiatrischer Obhut das Krankenhaus eigentlich nicht hatte verlassen wollen. Und an eben diesem Punkt entsteht ein sehr schwieriges theoretisches Paradoxon: Darf man Menschen, die eigentlich eher da bleiben wollen, wo sie sind, mehr oder minder subtil dazu zwingen, sich als autonom zu definieren? Anders formuliert: Haben Menschen eine moralische Pflicht, ihre Autonomie auszuüben? Der liberale Protestant Immanuel Kant hätte auf diese Frage mit «Ja» geantwortet.

Aber es bleibt die Frage, ob es moralisch legitim ist, Menschen mehr oder weniger intensiv zur Autonomie hinzutreiben, wie das im Konzept von *Community Care* faktisch unterstellt wird. Das Paradoxon lässt sich noch zuspitzen: Menschen, die über Jahre ihres Lebens hinweg entmündigt, also nicht als autonome Subjekte behandelt worden sind, werden nun dazu genötigt sich neu als autonome, zur freien Selbstbestimmung fähige Menschen zu verhalten. Dies geschieht jedoch in einer Situation, in der sie, empirisch gesehen, erheblichen Einschränkungen ihrer Autonomiefähigkeit unterliegen. Die Entscheidung, sich so zu verhalten, wie sie es denn tun, treffen sie in einem eigentümlichen Zwischenzustand zwischen prinzipieller Autonomie und empirischer Einschränkung. Darin liegen Probleme und Widersprüche. Es ist auf jeden Fall deutlich, dass sich Autonomie nicht delegieren lässt und den Menschen in dieser Situation die prinzipielle Autonomie nicht abgesprochen werden kann.

Entscheidend ist, dass sich der Anspruch auf Autonomie mit bestimmten Ansprüchen gegenüber bestimmten Trägern verbindet. Wenn Autonomie darin besteht, dass ich vielfältige Handlungsmöglichkeiten habe, dann muss ich auch in die Lage versetzt werden, zwischen diesen Handlungsmöglichkeiten realiter auswählen zu können. *Communitiy Care* impliziert also notwendig eine Rechtskonzeption, die auf Ansprüchen auf grundlegende Mittel für autonomes Handeln aufbaut. Dies bedeutet die Formulierung von Bedürfnissen des zu Betreuenden, möglicherweise mit Unterstützung von Personen, die ihm nahe stehen, seinem «personal network».

Professionalisierung: Autonomie anerkennen und steigern

Niemand kann die weitere Entwicklungsdynamik der dritten kapitalistischen Revolution voraussagen, die sich derzeit als Globalisierung vollzieht. Nur schwer lassen sich die sehr hohen sozialen Folgekosten der weltweiten ökonomischen, technischen und kulturellen revolutionären Veränderungen abschätzen. Deutlich ist jedoch: Der «rheinische

Kapitalismus» – so bezeichnen die Ökonomen anderer Länder den deutschen Sozialstaat beziehungsweise die «soziale Marktwirtschaft» – muss tiefgreifend umgestaltet werden, soll Deutschland nicht folgenreiche Wohlstandseinbußen erleiden.

In der deutschen Diskussion stehen immer wieder die vielfältigen Beschränkungen ökonomischer Leistungskraft im Vordergrund, wie sie insbesondere durch die hohe staatliche Regelungsdichte, ein sehr ungerechtes Steuersystem und sklerotisierte soziale Sicherungssysteme gegeben sind. Auch wird über den fortschreitenden Legitimitätsverfall des überkommenen Sozialstaats diskutiert, wie er sich etwa in wachsender Schwarzarbeit und Steuerhinterziehung zeigt. Der Sozialstaat, der Gerechtigkeit produzieren wollte, hat vielfältige neue Ungerechtigkeiten erzeugt. Die für das rheinische korporatistische Konsensmodell entscheidende Frage, wie um der Konkurrenzfähigkeit gegenüber den anderen Kapitalismen willen – zu nennen sind vor allem der sehr viel freiheitlichere, durch nur wenige Regelungen geprägte britische und nordamerikanische Konkurrenzkapitalismus sowie die derzeit teils sklerotisierten (Japan), teils faszinierend dynamischen (China) asiatischen Kapitalismen – die Kräfte wirtschaftlicher Dynamik gestärkt und zugleich Solidarität institutionalisiert werden können, ist in der «Reformstau»-Debatte weithin ohne konsensfähige Antworten geblieben. Von nahezu allen Seiten wird inzwischen aber betont, dass es in Deutschland weiterer substantieller Reformen des Institutionensystems und neuer gesellschaftlicher Verständigungsprozesse bedarf, die die Wahrnehmungs- und Interaktionsblockaden zwischen den organisierten Interessengruppen zu überwinden vermögen. Im internationalen Vergleich ist zudem deutlich geworden, dass im rheinischen Modell der tertiäre Sektor inzwischen hinter den Entwicklungen in anderen westlichen Gesellschaften zurückgeblieben ist. Gerade weil die sozialen Fürsorge-Institutionen und das Gesundheitswesen allzu staatsnah, überreguliert und hierarchisch organisiert sind, ist es zu Effekten der Entsolidarisierung gekommen. Wenn der Staat alles an sich zieht, wird langfristig das Engagement der Bürger geschwächt. Die in den Kirchen gern verbreitete Vorstellung, dass der moderne Mensch ein rücksichtsloser Egozentriker sei, der keine Solidarität mit Schwächeren empfinde, ist falsch. Das Spendenaufkommen in der Bundesrepublik steigt, aber auch die Sensibilität vieler Bürger dafür, dass in den alten Sozialstaatsinstitutionen einschließlich der Kirchen und diakonischen Organisationen sehr viel Geld verschleudert wird.

In dieser Lage kommt diakonischen Sozialunternehmen die Aufgabe zu, im Interesse der Schutzbedürftigen und Marginalisierten zur effizienzorientierten Reform des Non-profit-Sektors beizutragen und die Kräfte des zivilen Engagements zu stärken. Sie müssen dazu ihre sozialethischen Traditionsbestände kritisch sichten, weil in beiden Kirchen, gerade seit dem Zweiten Weltkrieg, die Gewährleistung sozialen Schutzes primär vom Sozialstaat und weniger von Organisationen des dritten Sektors sowie vom zivilgesellschaftlichen Engagement freier Bürger erwartet wurde. Die Kirchen und die ihnen nahestehenden Sozialunternehmen werden dem Grundsinn des neutestamentlichen Brüderlichkeitsethos, der Nächstenliebe und dem Eintreten für die Schwachen und Hilfsbedürftigen, auf Dauer nur dann gerecht, wenn sie nicht nur verkündende und lehrende, sondern auch wahrnehmungssensible, lernende Organisationen sind. Erst wenn sie selbst lernfähiger werden, können sie gesellschaftliche Lernprozesse initiieren und den in ihnen vergemeinschafteten Christen neues Orientierungswissen zur Bewältigung jener Krisenerfahrungen vermitteln, die sich mit dem schnellen ökonomischen Wandel verbinden. Für die theologische Ethik bedeutet dies, auch nach der globalen Finanzkrise, vor allem eine stärkere konstruktive Auseinandersetzung mit den liberalen ökonomischen Theorien erfolgreicher Entwicklung und Wohlstandsmehrung. Es geht, jedenfalls auf dem Hintergrund der protestantischen Überlieferung, dabei vor allem um die Stärkung individueller Freiheit. In den Kirchen und in der Diakonie werden mit einer diffusen Gemeinwohlsemantik häufig noch falsche Muster sozialer «Fürsorge» favorisiert und auf Paternalismus und tendenziell entmündigende Rundumbetreuung gesetzt. Neue Entwicklungen sozialer Dienstleistung, die die elementaren Freiheitsrechte von assistenzbedürftigen Menschen ernst zu nehmen erlauben, werden verschlafen. Irritierend ist jedenfalls, wie wenig sich die führenden Theoretiker (ihre Zahl überschaubar zu nennen, ist alles andere als unfair) der Diakonie dazu herausgefordert sehen, sich an den unausweichlichen Reformdebatten zu beteiligen. Es wäre klüger, nicht immer nur über knappe öffentliche Mittel zu jammern, sondern sich konstruktiv an der Suche nach kostengünstigeren, besseren Lösungen zu beteiligen.

Christliche Gemeinschaften, die die Autonomie und Eigenverantwortung der Individuen stärken, ein Ethos der aktiven, leistungsorientierten kreativen Lebensführung vermitteln und zugleich Netzwerke wechselseitigen Vertrauens schaffen sowie kleine Inseln der Solidarität bauen helfen, dürften sich in einer Situation weiterer Pluralisierung und ökonomischer Modernisierung besser behaupten können als Gruppen oder Kirchen, die sich auf eine Abwehrhaltung gegen den globalen Kapitalismus versteifen. Gewiss hat ein Gestus prinzipieller Verweigerung darin sein Recht, dass er, ganz im Sinne der christlichen Überlieferung, an die engen Grenzen einer rein ökonomisch-funktionalen, zweckrationalen Definition des Menschen erinnert und angesichts unübersehbarer Modernisierungspathologien auf jene umfassende Bestimmung des Menschen hinweist, die in der Sprache des Glaubens traditionell als «Heil» bestimmt wurde. Aber ein bloßer Abwehrreflex droht nur die markterzeugten Tendenzen ökonomischer Marginalisierung der jeweils Schwächeren zu verstärken. Von den Kirchen und der Diakonie ist deshalb mehr zu fordern: die kritisch reflektierte Mitgestaltung einer Entwicklung, die, je nach Perspektive, den einen als Fortschritt und den anderen als Krise erscheint, in der aber große Chancen für die Stärkung individueller Freiheit liegen. Wenn der Protestantismus noch etwas mit der Freiheit eines Christenmenschen im Sinn hat, dann sollte er sich an der Entwicklung von sozialen Dienstleistungsstrukturen beteiligen, die den Einzelnen nicht entmündigen.

Der deutsche Protestantismus verfügt über einen reichen Bestand an ethischen Traditionen. Ich bin davon überzeugt, dass er in den aktuellen Diskussionen um den Umbau des Sozialstaates mehr zu sagen hat, als in aller Regel geschieht. Dazu bedarf es der kritischen wie konstruktiven Erinnerung an die eigene Tradition und deren kreativer

Fortschreibung. Vor allem zwei Reflexionsmuster protestantischer Ethik sind von hoher Aktualität: die Hochschätzung des «weltlichen Berufes» des Christen und jenes Verständnis der menschlichen Person, in dem zwischen Person und Werk unterschieden wird. Orientieren wir uns abschließend kurz an der Lehre vom «weltlichen Beruf» des Christen, wie sie zu Beginn des 20. Jahrhunderts von Max Weber und Ernst Troeltsch in ihrer «Kulturbedeutung» untersucht wurde. Für diese Lehre ist entscheidend: Die «Größe» oder die «Kleinheit» meines Tuns, reformatorisch formuliert: eines «Werkes», spielt für dessen sittlichen «Wert» keine Rolle. Das Kleinste, an seinem Ort getan und im Bewusstsein, den göttlichen Willen zu erfüllen, steht sittlich auf derselben Höhe wie das bedeutendste Werk. Im Verhältnis zum römischen Katholizismus, der besonders heilige *opera* kannte, besteht in der protestantischen Überlieferung die entscheidende religiöse und moralische Qualität einer Leistung, eines «Werkes», gerade darin, dass es funktional effizient und richtig, dass es professionell getan wird. Wenn das der Fall ist, dann liegt die protestantische Identität der Diakonie in ihrer Professionalisierungsfähigkeit. Entscheidend sind also nicht die subjektiven religiösen oder moralischen Motive derjenigen, die in diakonischen Sozialunternehmen arbeiten. Es kommt vielmehr auf die Qualität der professionell erbrachten Leistungen an. Es geht also primär nicht darum, dass jemand ein glaubensfester Diakon ist, sondern entscheidend ist, dass er das, was er zu tun hat, sehr gut tut. Nicht die subjektiven Motivationen, aus denen heraus gearbeitet wird, sollen im Vordergrund stehen, sondern die faktische Effizienz und Kompetenz, mit der gearbeitet wird. In einer solchen effizienzorientierten, vom protestantischen Berufsbegriff geleiteten Perspektive wird man sowohl den Anerkennungsbedürfnissen der in der Diakonie tätigen Männer und Frauen als auch der faktischen gesellschaftlichen Bedeutung, die die Diakonie im modernen Sozialstaat hat, sehr viel gerechter als in Blickrichtungen, die an der je individuellen religiösen oder sonstigen Motivation der in der Diakonie Arbeitenden orientiert ist.

In den großen Texten der klassischen deutschen Philosophie und bei Klassikern der protestantischen Theologie des 19. und frühen 20. Jahrhunderts, also bei Autoren wie Johann Gottlieb Fichte, Georg Wilhelm Friedrich Hegel, Friedrich Daniel Ernst Schleiermacher oder Ferdinand Christian Baur und Richard Rothe, werden vielfältige innere Zusammenhänge zwischen protestantischer Religiosität und intensivierter Reflexionskultur aufzuweisen versucht. Hegel hat die einprägsame Formulierung gefunden, dass der Protestantismus die intellektuell anstrengendste Form des Christentums sei. Die protestantische Wortreligion gewährt nämlich weniger rituelle Entlastungen als beispielsweise der römische Katholizismus. Der Protestant kann seine Probleme nicht bei einem anderen im Beichtstuhl loswerden, er muss sie in der Innerlichkeit seines Gewissens bearbeiten. Im *forum internum* des Gewissens werden Schuldgefühle intensiviert. Wenn die Formel vom Protestantismus als der intellektuell anstrengendsten Form des Christentums etwas vom «Prinzip des Protestantismus» erfasst, dann kann sie auch das spezifisch protestantische Profil der Diakonie deutlich machen: Autonomie zu gewähren, ist allemal sehr viel anstrengender, als in autoritär paternalistischen Modellen der Fürsorge zu arbeiten. Warum? Autonomie zu gewähren oder mit professioneller Distanz die Freiheit der Assistenzbedürftigen ernst zu nehmen, schließt unumgänglich die harte Anstrengung ein, ein sehr viel distanzierteres Verhältnis zu sich selbst zu gewinnen. Es fordert, Reflexivität zum eigenen Verhalten aufzubauen. Die Anerkennung der Freiheit der Menschen mit Assistenzbedarf, der wichtigsten Kundengruppe diakonischer Sozialunternehmen, bedeutet also, zwischen seinem eigenen beruflichen Tun und sich selbst als individuellem Subjekt mit all seinen Konflikten, Schwächen, Grenzen und biographischen Prägungen noch einmal im Medium der Reflexion unterscheiden zu können. Nur wer zu solcher gesteigerter Reflexivität imstande ist, kann auf Dauer Professionalisierungsprozesse in diakonischen Sozialunternehmen mittragen.

Epilog

Der alte Streit um Autorität und Freiheit hat in der Gegenwart neue Virulenz gewonnen, gerade in der Bundesrepublik. Denn in Zeiten sehr schnellen technologischen, ökonomischen und sozialen Wandels, die von vielen Menschen als sie tief verunsichernde Krise erlebt werden, sehnen sich nicht wenige nach neuer Übersichtlichkeit und klaren Verhältnissen. Um neuer Eindeutigkeit willen hoffen sie auf eine Stärkung verlässlicher religiöser Institutionen. Viele andere, keineswegs nur politisch Liberale, äußern demgegenüber die Sorge, dass starker religiöser Glaube in jenen Fundamentalismen ende, deren zerstörerische Kräfte man bei radikalen Islamisten wie diversen christlichen Sektierern, von der Pius-Bruderschaft bis hin zu nordamerikanischen protestantischen Evangelikalen, erlebt habe. Auch in religiöser Hinsicht sind die modernen Zeiten schwierig geworden.

In der Bundesrepublik ist die religionskulturelle Lage durch elementare strukturelle Widersprüche, aber auch durch viel Ignoranz der politischen und ökonomischen Funktionseliten in Sachen Religion geprägt. Allerdings unterscheidet sich die Lage in den alten Bundesländern tiefgreifend von der in den neuen Bundesländern, die nun einmal stark durch die antichristliche Religionspolitik der Nationalsozialisten und vierzig Jahre Unterdrückung der Kirchen durch den SED-Staat geprägt sind; die politisch gewollte Entkirchlichung und Entchristlichung hat, verbunden mit der bis zum Mauerbau massiven Flucht gerade protestantischer bürgerlicher Eliten in den Westen, in weiten Gebieten der einstigen DDR tiefe Spuren hinterlassen. Auch in den alten Bundesländern ist die Lage der Kirchen prekärer, fragiler als es beim ersten Blick scheint. Trotz zahlreicher Wiedereintritte sind die Mitgliedschaftsbilanzen bleibend negativ. Die Erosionstendenzen haben sich in den letzten Jahren deutlich verstärkt. Selbst kirchennahe Journalisten reden inzwischen von möglicher «Implosion» und beklagen autoritäres Machtgehabe von Bischöfen und mangelnde Transparenz der Kirchenleitungen. In beiden großen Kirchen ist das Diskussionsklima rauher, aggressiver geworden, und bei manchen prominenten katholischen Amtsträgern lässt sich viel Wagenburgmentalität beobachten. Der Geistliche Direktor der katholischen Journalistenschule (Institut zur Förderung publizistischen Nachwuchses) Michael Broch wird in einem unwürdigen Verfahren in die Wüste geschickt, nur weil er in einem Interview mit der Provinzpresse ein wenig Kritik am Papst geäußert hatte. Nicht erst die Missbrauchsskandale oder der traurige «Fall Mixa», sondern schon das politische wie theologische Versagen des Vatikans beim Versuch der Wiedereingliederung der Pius-Brüder mit ihrem antisemitischen Bischof Richard Williamson haben die Glaubwürdigkeit der römisch-katholischen Kirche als Institution erheblich beschädigt. Auch die protestantischen Landeskirchen leiden unter einem signifikanten Vertrauensverlust. Besonders gut stehen die beiden großen Kirchen derzeit nicht da.

In der neueren deutschen Geschichte hatten sich die Kirchen immer wieder als Hüter der öffentlichen Moral inszeniert. Sie nahmen ein sogenanntes «Wächteramt der Kirche» gegenüber Staat und Gesellschaft in Anspruch und wollten in den Dauerkrisen der Moderne hilfreiche ethische Orientierung bieten. Viele Deutsche haben dies so gewollt, und noch in der Gegenwart hoffen nicht wenige Modernitätsmüde darauf, dass es den Kirchen verstärkt gelingen möge, den Menschen wieder verbindliche «Werte» zu vermitteln. Aber auch hier lässt sich eine eigentümliche Paradoxie beobachten. Viele Deutsche sehen in den Kirchen gleichsam «Bundeswerteagenturen» (Wolfgang Huber), die für alle Sphären der Kultur eine neue substantielle Sittlichkeit herbeipredigen oder ein stabiles «Wertefundament» legen sollen. Aber zugleich lehnen sie viele ethische Botschaften der Kirchen entschieden ab. Selbst unter den Mitgliedern der Kirche, die pünktlich ihre Kirchensteuer zahlen und damit auch Verbundenheit mit der Organisation bekunden, hält die große Mehrheit die von den Kirchen verkündeten moralischen Gebote für falsch und lehnt es ab, ihnen zu folgen. Besonders deutlich zeigt sich dies bei der Sexualethik der römisch-katholischen Kirche oder in beiden Kirchen in den Debatten um Stammzellforschung, Präimplantationsdiagnostik und Sterbebegleitung. Auch wollen die meisten kirchlich organisierten Deutschen keine politisierte, in den Parteienstreit eingreifende Kirche. Politisierende Bischöfe, die die freiheitsdienliche Trennung von Religion und demokratischer Politik unterlaufen und sich aus mancherlei Machtinteressen immer wieder in die Tagespolitik «einmischen», sind ihnen ein Gräuel. Die moralische Arroganz, mit der einige Bischöfe etwa «die Banker» als raffgierige, geldgeile Turbokapitalisten an den Pranger stellten, hat das Glaubwürdigkeitsproblem der Kirchen nur verstärkt.

Religion ist, nicht zuletzt dank der Einwanderung von Muslimen ganz unterschiedlicher Herkunft nach Europa und auch aufgrund des neuen religiös motivierten Terrorismus, wieder zu einem zentralen Thema westlicher Gesellschaften geworden. Vom neuen Interesse an Religion haben die beiden großen christlichen Kirchen allerdings nicht profitieren können. Offenkundig gelingt es ihnen nur noch eingeschränkt, die befreiende Botschaft des Evangeliums überzeugend zu kommunizieren. Inwieweit dies mit einem Wandel der Religionskultur in den Kirchen selbst zu tun hat, ist unter den Gelehrten strittig. Früher waren viele akademische Religionsdeuter davon ausgegangen, dass sich in modernen pluralistischen Gesellschaften neben den Kirchen konkurrierende Sinndienstleister und Glaubensanbieter etablieren: Importeure buddhistischer Atemtechniken, Experten für Zen-Meditation, Esoteriker aller möglichen Art. Eine solche Ausweitung des religiösen Spektrums hat sich in Deutschland schon im späten 19. Jahrhundert beobachten lassen. In den revolutionären sechziger Jahren des 20. Jahrhunderts findet hier aber ein folgenreicher Wandel statt. Nun werden die Kirchen selbst religiös immer pluraler. Viel Diffuses aus den modernen Therapiereligionen wandert in die kirchliche Alltagspraxis ein, und unter dem vielfältig changierenden Leitbegriff der «Spiritualität» kann nun auch religiös Halbseidenes, von Steinheilung bis Meditationsmassage, in den Kirchen vermarktet werden. Zugleich gibt es in den Kirchen entschieden restaurationsorientierte, modern-antimoderne Bewegungen, die auf neue konfessorische Eindeutigkeit setzen und glaubensstark den Abstand zwischen alter Wahrheit und moderner Skepsis betonen. Hier haben sich in den Kirchen religiöse Parallelgesellschaften mit eigenen Vergemeinschaftungsformen entwickelt. Die klassisch von Max Weber formulierte religionsdiagnostische Grundunterscheidung von Kirche und Sekte hat insoweit ihre analytische Erschließungskraft verloren. Denn viel sektiererische Borniertheit findet sich neuerdings in den Kirchen selbst.

Mehr Verschiedenheit bedeutet in aller Regel mehr Konflikt. Wer neue Kulturkämpfe oder gar religiöse Gewalt verhindern will, muss pragmatischem Durchwursteln den Vorzug vor steilem Glaubenszeugnis und pathetischer Werterhetorik geben. In offenen demokratisch verfassten Gesellschaften sind die Bürger allein zu Rechtsgehorsam verpflichtet, nicht aber dazu, vor «Grundwerte»-Altären Opfer zu bringen. Dies müssen auch die Kirchen lernen, wenn sie denn wirklich demokratiefähig sein wollen. Ob sie über die gebotene Lernfähigkeit verfügen und verlorenes Vertrauen zurückzugewinnen vermögen, ist eine überaus voraussetzungsreiche Frage, die sich nur spekulativ, durch behutsames Abwägen von pro und contra beantworten lässt. Jede Antwort ist immer stark geprägt durch individuelle Präferenzen und Hoffnungsbilder des Antwortenden. Deshalb sei noch einmal betont: Ich gehe davon aus, dass auch der hoch individualisierte, je eigene christliche Glaube der vielen nun einmal voneinander Verschiedenen langfristig nur tradierbar ist, wenn es neben diesem persönlichen Christentum zugleich ein kirchlich organisiertes Christentum gibt, also eine funktionsfähige Kirche, die Sonntag für Sonntag einladende Gottesdienste feiert, durch individualitätsoffene Kasualien – Taufe, Konfirmation, Trauung, Bestattung – überzeugt, sich im politischen Diskurs auf wenige, aber argumentativ prägnante Interventionen beschränkt und auf eine unfanatische, intellektuell redliche, deshalb auch für Kritik und Skepsis offene Kommunikation des Evangeliums setzt. Eine Gesellschaft ohne Religion wäre so arm wie eine Gesellschaft ohne bildende Kunst oder Musik, und ein Gemeinwesen, in dem die Kirchen nur noch bei kleinen Minderheiten Resonanz finden, entbehrte jener Organisationen, die ein immer auch politisch relevantes semantisches wie symbolisches Kapital – im gelingenden Fall! – tradieren (und mehren): die Glaubenssprache der Unterscheidung von Immanenz und Transzendenz, Diesseits und Jenseits, Status quo und ganz anderer Welt. Selbst entschieden agnostische Demokraten können – wenn sie denn politisch klug sind – nicht wollen, dass die beiden großen Volkskirchen im Lande weiter erodieren. Trotz aller beschriebener Schwächen – Kirchengemeinden vor Ort tragen zur Kohäsion einer vielfältig fragmentierten Gesellschaft bei, und die Mitarbeiter und Mitarbeiterinnen ihrer lokalen Diakoniestationen sind etwa für viele ältere Menschen oft die wichtigsten Ansprechpartner in traurig stimmenden Prozessen der Vereinsamung (etwa nach dem Tod des Ehepartners). Auch unabhängig von all meinen individuellen Glaubensgründen bin ich davon überzeugt, dass es für die deutsche Gesellschaft besser ist, wenn sie überzeugende Kirchen hat, die Menschen für Leid und Not anderer sensibilisieren und – so hoffe ich – die Freiheit des (der) Einzelnen stärken. Denn symbolisches Kapital ist in modernen Gesellschaften zunehmend knapp, und der freiheitliche Staat ist nun einmal auf zivilgesellschaftliche Organisationen angewiesen, die Bürgertugend stärken und Gemeinsinn fördern. Freilich muss man auch sehen: Nur noch ein Drittel der Westdeutschen ist davon überzeugt, dass die Kirchen für die Gesellschaft wichtig sind. 46 Prozent der Deutschen hingegen halten sie für unmodern, altmodisch, überholt.

Gewiss tut sich die römisch-katholische «Amtskirche» im Lande mit Reformen sehr viel schwerer als die EKD, schon aufgrund des Kanonischen Rechts und der immer stärkeren Abhängigkeit der deutschen Bischöfe von der Kirchenpolitik Roms. Wirklich reformwillig und reformfähig wirkt die katholische Kirche im Lande derzeit nicht, trotz des beharrlichen Drängens vieler Laien. Im kirchlichen Protestantismus hat vor allem der Berliner Bischof und Ratsvorsitzende der EKD Wolfgang Huber 2006 unter dem programmatischen Titel *Kirche der Freiheit* einen Reformprozess angestoßen, der, wie auch immer man einzelne Diagnosen und Reformforderungen beurteilen mag, viel Sensibilität für fundamentale Pathologien des verfassten Kirchentums, etwa den bisweilen nur absurden landeskirchlichen Partikularismus und die massive Verschwendung von Ressourcen in aufgeblähten Kirchenbürokratien, erkennen lässt.

Dieses Impulspapier wird insbesondere unter Praktischen Theologen sehr kontrovers diskutiert. Dies soll hier nicht im Einzelnen nachgezeichnet werden. Vielmehr sei exemplarisch, mit Blick auf die wünschenswerte Stärkung der Kirchen, ein entscheidendes Problem benannt: Beide Kirchen sehen sich verstärkt mit dem Thema «Generation» konfrontiert. Gerade in den neuen Bundesländern sind die Kirchen deutlich überaltert. Hier sind in beiden Kirchen gut 43 Prozent der Mitglieder über sechzig Jahre alt, aber nur zwölf Prozent unter dreißig Jahre. Renate Köcher vom Institut für Demoskopie Allensbach hat jüngst davon gesprochen, dass religiöser Glaube und kirchliche Bindung «Merkmal einer Alterskultur» geworden sind. Die Mehrheit derer, die über sechzig Jahre alt sind, erwarte von den Kirchen Orientierungshilfe bei Sinnfragen, aber bei den unter Dreißigjährigen sei es nur noch jeder Vierte. Auch werde eine persönliche Verbundenheit mit der Kirche von Jüngeren sehr viel weniger gewollt als von Älteren. Fast die Hälfte der Jüngeren halte den christlichen Glauben für definitiv überholt, und nur knapp 28 Prozent der unter Dreißigjährigen beschrieben sich selbst als religiöse Menschen. Diese religiöse Minderheit unter den Jüngeren führt ein signifikant anderes Leben als die säkulare Mehrheit: Ihr sind Tugenden wie Gemeinsinn und soziale Verantwortungsbereitschaft deutlich wichtiger als Konsum und Selbstverwirklichung. Ob die Kirchen diese «ausgeprägte Altersgebundenheit religiöser und kirchlicher Bindungen» noch einmal ändern können und bei Jüngeren wieder verstärkt Resonanz finden werden, lässt sich nicht vorhersagen, scheint aber wenig wahrscheinlich. Denn die klassische kirchliche «Jugendarbeit» erreicht nur noch eine kleine Minderheit der Jüngeren, und auch der schulische Religionsunterricht trägt kaum noch zu christlicher Bildung bei. Die im «Impulspapier» der EKD geäußerte Hoffnung, man wolle «gegen den Trend» wachsen, ist schon mit Blick auf den demographischen Wandel nur eine Illusion. Viele Faktoren des allgemeinen sozialstrukturellen Wandels, die zur Marginalisierung der Kirchen in einer polyethnischen und multireligiösen Einwanderungsgesellschaft beitragen, können durch kirchliches Handeln, etwa durch Reformen, gar nicht beeinflusst werden.

Dies bedeutet nicht, dass die Kirchen gar nichts tun können. Durch kluge Reformen müssen (und können) sie ihre Akzeptanz vor allem bei ihren Mitgliedern stärken. Im Protestantismus geht es in erster Linie darum, das Amt des Pfarrers und vor allem das des Gemeindepfarrers aufzuwerten. Alle empirischen Studien zur Kirchenbindung der Protestanten haben gezeigt, dass die Kirchenmitglieder ihre Kirchen primär über die Person des Pfarrers wahrnehmen. Daraus folgt: Das Amt des Gemeindepfarrers muss wieder attraktiver gestaltet werden als bisher. Pfarrstellen in Gemeinden abzubauen und übergemeindliche Pfarrstellen zu schaffen (also auf Bürokratisierung zu setzen), war ein entscheidender Fehler in der «dagobertinischen Phase», der sich heute rächt. Das Gemeindepfarramt ist das für die Mitglieder entscheidende Amt – schon wegen der Kasualien –, und deshalb muss es gestärkt werden. Also sind hier die Gehälter zu erhöhen, attraktive Arbeitsbedingungen für Männer wie für Frauen zu schaffen, die Pfarrer von dysfunktionalen Tätigkeiten (Verwaltung, Bauplanung etc.) zu entlasten, und vor allem muss die Berufsrolle wieder professionell definiert werden: über theologische Kompetenz. Denn gerade in multireligiösen Umwelten – man denke an die gebotene argumentative Auseinandersetzung mit islamischen Gelehrten – bedarf die evangelische Kirche einer Pfarrerschaft, die gebildet, rational und klug das protestantische Verständnis der neutestamentlichen Freiheitsbotschaft zu vertreten vermag. An ihren Pfarrern und Pfarrerinnen entscheidet sich die Zukunft der evangelischen Kirche.

Literaturhinweise

David Berger, Der heilige Schein. Als schwuler Theologe in der katholischen Kirche, Berlin 2010.

Bertelsmann Stiftung (Hg.), Woran glaubt die Welt? Analysen und Kommentare zum Religionsmonitor 2008, Gütersloh 2009.

Anselm Doering-Manteuffel / Lutz Raphael, Nach dem Boom. Perspektiven auf die Zeitgeschichte nach 1970, Göttingen, 2. Auflage 2010.

Michael Droege, Staatsleistungen an Religionsgemeinschaften im säkularen Kultur- und Sozialstaat, Berlin 2004.

Michael Ebertz, Erosion der Gnadenanstalt? Zum Wandel der Sozialgestalt von Kirche, Frankfurt a.M. 1998.

Joachim Eicken / Ansgar Schmitz-Veltin, Die Entwicklung der Kirchenmitglieder in Deutschland. Statistische Angaben zu Umfang und Ursachen des Mitgliederrückgangs in den beiden christlichen Volkskirchen, in: Statistisches Bundesamt, Wirtschaft und Statistik 6/2010, S. 576–589.

Carsten Frerk, Violettbuch Kirchenfinanzen. Wie der Staat die Kirchen finanziert, Aschaffenburg 2010.

Michael Frieß, «Komm süßer Tod» – Europa auf dem Weg zur Euthanasie? Zur theologischen Akzeptanz von assistiertem Suizid und aktiver Sterbehilfe, Stuttgart 2008.

Karl Gabriel, Christentum zwischen Tradition und Postmoderne, Freiburg i.Br. 1992, 7. Auflage 2000.

Jan Hermelink / Thorsten Latzel (Hg.), Kirche empirisch. Ein Werkbuch zur vierten EKD-Erhebung über Kirchenmitgliedschaft und zu anderen empirischen Studien, Gütersloh 2008.

Siegfried Hermle / Claudia Lepp / Harry Oelke (Hg.), Umbrüche. Der deutsche Protestantismus und die sozialen Bewegungen in den 1960er und 70er Jahren, Göttingen 2006.

Wolfgang Huber, Kirche in der Zeitenwende. Gesellschaftlicher Wandel und Erneuerung der Kirche, Gütersloh 1998.

Isolde Karle (Hg.), Kirchenreform. Interdisziplinäre Perspektiven, Leipzig 2009.

Isolde Karle, Der Pfarrberuf als Profession. Eine Berufstheorie im Kontext der modernen Gesellschaft, Stuttgart 2008.

Franz-Xaver Kaufmann, Religion und Modernität. Sozialwissenschaftliche Perspektiven, Tübingen 1989.

M. Rainer Lepsius, Demokratie in Deutschland. Soziologisch-historische Konstellationsanalysen. Ausgewählte Aufsätze, Göttingen 1993.

Christoph Möllers, Demokratie – Zumutungen und Versprechen, Berlin 2008.

Detlef Pollack, Rückkehr des Religiösen?, Tübingen 2009.

Dietrich Rössler, Grundriß der Praktischen Theologie, Berlin / New York 1986.

Stefan Schmunk, Die Ökonomie des Glaubens. Die Evangelische Kirche in Hessen/Nassau und der Sprung in die Moderne 1945–1980. Diss. phil. Darmstadt 2010 (derzeit noch ungedruckt).

Ulrich Willems, Religionspolitik in der Bundesrepublik Deutschland 1945 – 1999. Die politische Regulierung der öffentlichen Stellung von Religion und Religionsgemeinschaften, in: Ders. (Hg.), Demokratie und Politik in der Bundesrepublik Deutschland 1949–1999, Opladen 2001, S. 137–162.

Dieses Buch geht auf kleinere Essays und kritische Diagnosen zurück, die ich in den letzten Jahren in den Feuilletons der *Frankfurter Allgemeinen Zeitung*, der *Neuen Zürcher Zeitung* und der *Süddeutschen Zeitung* veröffentlicht habe. Einige Passagen stammen aus Analysen der politischen Lage der Kirchen, die in *Aus Politik und Zeitgeschichte*, der Beilage zur Wochenzeitschrift *Das Parlament*, und in einigen praktisch-theologischen Fachzeitschriften publiziert worden sind. Ältere Textteile sind überarbeitet und vor allem die kirchenstatistischen Daten aktualisiert worden. Herrn Dr. Ulrich Nolte und Herrn Dr. Hans Cymorek danke ich für hilfreiche Kritik, inspirierende Gespräche und Unterstützung bei den redaktionellen Arbeiten.